現代書館

弱さでつながり
社会を変える
対談集

渡邊洋次郎

はじめに

私は今、依存症の人たちが地域の中で回復するための支援をする「リカバリハウスいちご」という障害福祉サービスの事業所で働いています。私自身も、アルコールや薬物依存症で少年院や精神科病院、刑務所での生活を繰り返しました。

二〇一九年に自叙伝である『下手くそやけどなんとか生きてるねん。』（現代書館）を出しました。執筆のきっかけとなった編集者と出会ったころ、自助グループでの活動のなかで精神科病院や刑務所に出向いて自分の話をするようになっていたり、啓発活動として大学等で学生さんたちへ講演をするようになっていました。

自分とは親子ほど歳の離れた若い人たちが、私の経験からさまざまなことを感じ取ってくれました。精神科病院への入院や刑務所での服役、非行、自傷行為、アルコール依存症や薬物依存症についてというより、私のそういった行動やその背景に共感を示してくれました。

「洋次郎さん、めちゃくちゃ承認欲求が強いですね」

「薬物依存や非行はわからないけど、友だちに認めてほしかった気持ちや、受け入れてほしかった気持ちはわかる気がします」

「洋次郎さんの身に起こったことは、自分たちと本当は地続きにある現実なんだと思いました」

私は学生さんからの言葉に、他人ごとから自分ごとへと視点が変容していく過程を見せてもらった気がしました。学生さんから気づかせてもらったことで、本を書いてみよう、それを依存症の人たちや医療、福祉の専門家の人たちに読んでもらおうという気持ちから、多くの人たちに伝えたい、分かち合いたいという気持ちに変わっていきました。

世間一般の人たちは、薬物依存症やアルコール依存症になった人たち、結果として精神科病院や刑務所に入らざるを得なくなった人たちの生きる現実をあまりよく知らないまま、学校教育や報道を通して「依存症はこういう病気」「依存症の人はこういう人」という先入観を持っていると思います。私には、そういった世間の風潮が結果として生きづらさを抱える人たちを追い詰め、断絶につながっているように感じられました。

その一方で、じつは私自身のほうこそ、ふつうに学校に通ったり仕事をしたりしている人たちのことを、自分の考えや価値観で決めつけて見ているのではないか、とも思うようになりました。だから、自分以外のさまざまな人たちと、偏見を通さず、本当に出会っていきたい、出会うために、まずは自分から自分自身をみんなの中に分かち合いたい、そう思っています。この本を出したのも、そういうきっかけからです。

今回の本では、精神科医療、行政、心理学、教育、宗教に携わってきた人たちとの対談を通して、この社会の「生きづらさ」について考えを深めていきたいと思います。

対談1では、精神科医の松本俊彦さんと、依存症の病気の面だけではなく、依存症もどうにか生き延びるための過程のなかで手にしたサバイブの術であるということや、自傷行為を繰り返す本人たちの本当の意図、背景に目を向けることを改めて考えました。

対談2では、元厚生労働省事務次官の村木厚子さんと、刑務所の中で出会った生きづらい人たちの実情や、私自身の体験してきた生きづらさを交え、個人の問題だけではなく、社会が生み出してきた生きづらさについて考えました。

対談3では、公認心理師の伊藤絵美さんと、心理学、スキーマ療法の視点から、依存症の人たちの心の問題や、セルフケアについて考えました。

対談4では、教育学者の小国喜弘さんと、現在の学校のあり方、学校教育の歴史から、生きづらさを生み出す構造的な問題について考えました。

対談5では、心理学者・神学者の高木慶子さんと、信仰、スピリチュアリティをベースに依存症や回復、そして私自身の今の生き方を考えました。

みなさんと対談をしてみて感じたのは、本当に自分の知らない世界がこんなにもあるんだということでした。そして、個人的なことがらだと思っていたことが、実は社会的なことがらなんだと、視点が広がり深まっていく感覚がありました。これまで生きづらいと感じていたことが、私個人の問題というだけではなく、多くの人にも共通する社会問題なのだと捉え方が変わりました。

この本を、依存症や非行、自傷行為、精神科病院、刑務所、更生保護について今までまったくかかわってこなかった人たちにこそ、読んでほしいです。私の背景にある生きづらさに触れて、自分ごと、そして社会の問題として、今一度考えてみてほしいです。

今、目の前に広がる社会に生きるのは私であり、読者のみなさんでもあるのです。理解してもなにかが変わるわけではないのかもしれないけれど、私はまずは知るために出会うことをやっていきたいと思っています。

本当に出会うということが、今の生きづらさばかりの世界を変えていける一歩になることを、私は期待しています。

渡邊洋次郎対談集　弱さでつながり社会を変える＊目次

対談2　渡邊洋次郎×村木厚子

犯罪は弱さや生きづらさの裏がえし

――刑務所しか居場所がない社会をどう変えるか

生きづらくても福祉につながれない
犯罪も刑務所も「好きでやってるんでしょ」と言われる
更生とはなにか
「加害」と「被害」の言葉だけではわからない
ありのままの自分を受け入れる
母親の役割、家族のしんどさ
ラベルではなく、その人を見てほしい

対談3 渡邊洋次郎×伊藤絵美

弱さでつながり、弱さに応える

――「内なる子ども」の声に耳を傾ける

「おかしな子ども」にも理由がある
スキーマ療法とはなにか
「内なる子ども」の声を聞く
生き延びるためにそれを選択するしかなかった
カウンセラーとしてのかかわり
自分と対話できるようになった
子どもの声を聞いていれば間違うことはない
弱さでつながり、弱さに応える

対談4　渡邊洋次郎×小国喜弘

どんな自分でも「ここにいていい」と思える場所を「みんな」でつくる

障害／健常に分けることの違和感
「しんどい子」を「みんな」で見守る学校
一緒にいることを「効果」で語ってはいけない
何度でも、無条件で「やり直し」ができる環境
どんな自分でも「ここにいていい」と思える空間が必要
他人が決めたルールではなく、自分で考えて生きていくことが重要
子どもの意思がなぜないがしろにされてしまうのか

自己責任社会で弱さを抱えて生きていく

——薬物・アルコール依存の経験から考える

対談1……渡邊洋次郎×松本俊彦

「困った患者さん」の過去と未来を描いた援助者必読の書

編集部（以下、――）　まずは、渡邊洋次郎さんがご著書『下手くそやけどなんとか生きてるねん。』（現代書館）の中でどんなことをお書きになったのか、お話しいただけますか。

渡邊　幼少期のことや、依存症になっていった経緯、お酒と薬をやめていくなかで考えたことを書きました。

ぼくは依存症回復施設の職員になってから、大学の授業にゲストスピーカーとして呼んでいただくようになったのですが、初めは学生さんも、ぼくが精神科病院で入退院を繰り返したとか、刑務所に入っていた、という経験だけ聞いて、「怖い人」というイメージを持っていたと思います。でも、ぼくが幼いころのことを話していくなかで、「依存症の人でも根っこにある気持ちは自分と一緒なんやな」とか、「自分事として考えられた」と、すごい共感をしてくれた経験があります。そこから、自分の「そのまま」を書きたいなって思いました。

――松本さん、お読みになっていかがでしたか。

松本　自分が医者として駆け出しのときに出会った「困った患者さん」――いろんな問題を起こして入院してきて、また病院の中でいろんな問題を起こして退院し、しばらくしてやってきて、最後は医療者としてお手上げ、「もううちの病院にこないでください！」みたいになってしまった患者さん――たちが思い浮かびましたね。

ぼくが見たのは、その方たちの一番ひどい時期だけで、その前にどんな生きざまをしてきたか、そしてその後にどんなふうになっていくのかという部分、つまり、ぼくたち援助者が「困った印象」しか持っていない人たちの過去と未来を、この本ではこと細かに書いてくれました。

これを読むことで、われわれ医療者は患者の「問題行動」という言葉について考えなければいけない、と感じています。

医療者って管理が好きなんですよ。病院は清潔に、規則正しく、みんなルールを守ってください、と思っている。そこから外れていくものを「問題」とみなして、対処していくわけです。

でも、その一見「問題行動」とみなされているもの――自傷行為、あるいは薬物を使うこと——その行動にも、じつは適応的な面、つまり、プラスの部分、自分を助けるのに役立つ部分もあるんです。

それが、この本には非常によく表現されています。たとえば、自傷や薬物乱用ひとつ取っても、意味があるんですよね。心の痛みを爆発させないために、傷とかさぶたで封じ込め、そこに蓋をするのに役に立ったりするんですよ。

さらにそこから発展して、誰かとつながるために、あるいは、誰かに対して自己優位に立つために、コミュニケーションの道具として使うこともある。つらい感情を抱かないように気持ちを麻痺させるのに役立ったりもする。

そんな嵐のような人生の中で、とりあえず死ぬことを延期して、生き延びるためにアルコールや薬物、自傷行為が役に立っていたんですよね。そのことを当事者の

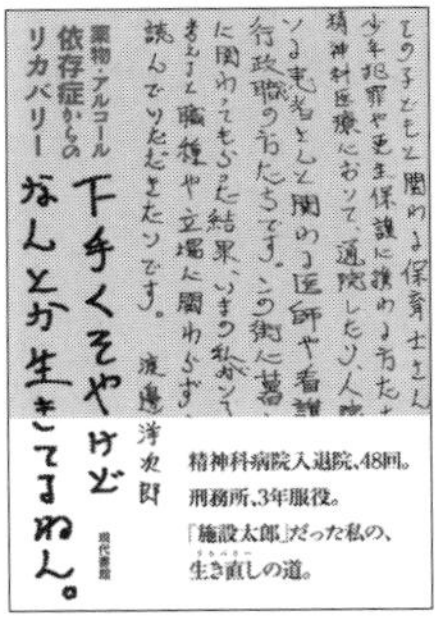
薬物・アルコール依存症からのリカバリー
下手くそやけどなんとか生きてるねん。
渡邊洋次郎
現代書館
精神科病院入退院、48回。
刑務所、3年服役。
「施設太郎」だった私の、
生き直し《リカバリー》の道。

『下手くそやけどなんとか生きてるねん。——薬物・アルコール依存症からのリカバリー』

二十歳から一〇年間で四八回、精神科病院への入退院を繰り返した。三十歳で刑務所へ三年服役。生きづらさから非行・犯罪を繰り返してきた著者が、セルフヘルプグループとつながり、新しい生き方を見つけるまでの手記。

渡邊洋次郎著、現代書館、二〇一九年、定価：一八〇〇円＋税

言葉ですごくわかりやすく整理して書いてくださいました。全ての援助者に読んでほしい本だなというふうに思います。

──なんとか生き延びるための道具として自傷行為や薬物・アルコールがあった、というお話でしたが、洋次郎さん、ご自身を振り返っていかがですか。

渡邉

ぼくは中学生ぐらいから非行に走ったり、薬物を使ったりして、その後にアルコールを飲んで、二〇歳から精神科病院への入退院を繰り返しました。その根っこには、幼少のころに学校でいろんなことが理解できなかったことと、もう一つ、親との関係で「なんか寂しい」っていう気持ちがありました。でも、それをいうと母親が困るだろうから、「寂しい」という感情が「あかん」、迷惑かけるんやって思っていました。

それと同時に、そういうふうに感じる「心のかたち」っていうか、そういうことを感じてしまう自分では、この社会では受け入れてもらえない。だから、それを隠すために、小さいころから万引きして騒いでいたっていうのがあります。騒いでいると、モヤモヤしたものが処理ができるというか。そこがスタートで、ものを変え、やり方を変えて、なんとかやってきたって感じです。
だから、自分の根っこにあるものをどう出していいかわからない気持ちとすごい長い時間闘ってきたし、そのためにいろんな方法を使ってまずいことを繰り返したっていうのかな。

松本 みんなどこかで、寂しいと感じてはいけないって、刷り込まれている部分はあるよね。

渡邊 薬やアルコール、自傷行為をまわりから「やめろ」って言われたときには、やめたときに出てきてしまう「へんちくりんな自分」を、「あんたら受け入れなかったやん」って、いつも思ってました。みんなが受け入れなかったから自分はこうなってるの

まつもと・としひこ……一九九三年佐賀医科大学卒。神奈川県立精神医療センター、横浜市立大学医学部附属病院精神科、国立精神・神経センター精神保健研究所司法精神医学研究部室長、自殺予防総合対策センター副センター長などを経て、二〇一五年より同研究所薬物依存研究部・部長。
編・著書に『自分を傷つけずにはいられない』(講談社)、『薬物依存症』(筑摩書房)、『「助けて」が言えない』(日本評論社)など。

に、「どういうことや」みたいな思いはずっとありましたね。だから、自分を出すことの怖さとか、「出したらみんなきっと離れるんや」という思いがありました。

非行行為や水商売をやったり、精神科病院で入退院を繰り返したのは、それをやっている自分であれば生き残ってはいけるんですけど、それをやめたときの自分に生きる居場所がなかったからなんです。

「困った人」は「困っている人」

松本 不良的な行動、あるいは薬やアルコールにしても、入退院を繰り返す「困った患者さん」という役割にしても、それをやることによって、誰かとつながることができていたんですね。一方で、それ以外の方法でつながることができないっていう、絶望感もあったと思います。
でもこうやってお話を聞いてみると、「問題行動」と呼ばれていたものには、じつは適応的な部分があって、つらい気持ちから一時的に意識をそらすのに役に立っていたことがわかります。それをやめろと言われても、やめた後に出てくる寂しさや、自分のことがどうにも好きになれなくて、いつも強烈に死にたい・消えたいと思ってる人の気持ちを受け入れられるの？　と思ってしまうよね。たぶん、渡邊さんは、そういう自分の姿を少しだけ出したことが過去にあったんじゃないでしょうか。でも、そのときに、まわりが「なんでそんなことというの」と叱ったりとか、逃げ出したりしてるんだと思うんですよね。

だからぼくら援助者は、「困った人」は「困っている人」かもしれないっていうことを、絶えず意識する必要があるんだろうなと思ってるんです。

ただね、患者さんが子ども時代からずっと溜め込んだ心の闇と、ぼくら援助者が正面から向き合えるかっていうと、なかなかそれも大変な話で……。だから、「問題行動」が繰り返されることに関しては仕方ないというか、お互いの体力的な部分を考慮しながら、なんとかつかず離れず付き合っていくってことも考えなきゃいけないな、と思いますね。

——「困った人」は「困っている人」かもしれない、というお話が印象的でした。

松本　渡邊さんは数え切れないぐらい精神科に入院し、刑務所にも入っているけれども、でも、そういうふうにしながら、なんとか生き延びてきたんだなと思うんですよ。

渡邊さんのように、医療機関や主治医が長期にわたって何度も変わっている患者さんを見ると、「だめな患者」とか、「もうこの人は絶対良くならない」とかって思いがちなんですが、そういうふうにして死なずに済んだから、現在の回復があるんじゃないでしょうか。

——周囲から「やめろ」とやみくもに言われるのがつらかったというお話がありましたが、洋次郎さんご自身は、周囲の人や援助者の方たちにどういうふうに接してほしかったですか。

渡邊

向き合ってほしいという思いはあったんですけど、行動が激しかったので、難しかった部分もあったと思います。

二〇歳で初めて精神科病院に入ったときに、主治医ともめて、机にあったハサミを持って刺そうとしたり、病棟で奇声をあげたり、窓ガラスを割ったりとかしてたんです。それですぐ保護室に運ばれて拘束されて……みたいな状態になる。本当にもう、見境がつかない状態。自分のことも殺しかねへん。

そのときに医療者が力ずくでも止めてくれるっていうのは、しんどい思いを植えつけられた部分もあるけども、それ以外の方法があったのかって考えると、そのときの自分にとっては、それが最善やったんかなって思うんですよ。とりあえずそこで死にさえしなければ、時間を稼いで、また修正していけると思うんで、そこでまず死なさない、誰かを殺させないっていうのはありがたかったですね。

当時は、医療者のことを「心のないやつらや」と思ってたんですけど、でも今は逆に、心があるから嫌な思いもしたり、傷ついたり、相手も離れたり、っていうことがあったんじゃないかなと思えるようになりました。

松本 そうですよね。「誰かに止めてほしい」っていう気持ちがあって、わざと悪いことをしたこともあるんだよね。それが刑務所であったり、精神科病院であったり。ただ、一方で隔離や拘束をされてるときの屈辱感みたいなことも書いてあって、だから、両面があるんだっていうことを、援助者は知っておかなきゃいけないなと思うんですよね。

隔離拘束がなにがなんでも絶対だめなんだっていうわけではない。必要なときもあるけど、でも、本人たちの屈辱感にもやっぱりきちんと配慮する必要があるんだろうなと思いました。

自助グループの条件づけしない関係性が大事

――依存症からのリカバリー経験について、もう少しお話を聞いていきたいと思います。洋次郎さんは寂しいという思いがあって、アルコール・薬物や自傷行為をやっていて、そしてそれが逆に孤立を深めてしまっていた、ということだったんですが、その後どうやって孤立を解消していったんでしょう。

渡邊 根っこに、自分に価値がないっていう考えが、ものすごく強くあります。もし自分に価値があると思っていれば、「助けて」といえるし、他者は助けてくれる存在なんやと信じられるんだと思うんですけど。でも、ぼくの場合は、そこはもともと完全に消し飛んでしまっている状態なので、ないものを必死で獲得しようとしていたんですよね。しかも空っぽの根っこの部分を埋めるんじゃなくて、不良な自分を演じるとか、表面ばかり繕っていたっていう背景があります。

自傷行為にしても、アルコール・薬物にしても、なにか自分が大事だって思えるものがあるのと、「もういつ死んでもいいし」と思ってるのとでは、すごく違いがあると思っています。

病院で自傷行為を無理やり止められたりするときには、ぜんぶ「あんたらの事情やろ」って、世の中にとって都合が悪いからやめさせようとしてるだけやろ、って思ってました。渡邊洋次郎という人間にとって、なんのために行為をやめさせようとするのかとか、どうしてその行為をしてるのかっていうところを抜きで援助されてる気がしていたので、自分自身が本当に見つかっていくなかで、リカバリーがスタートしたんかなと思います。

松本 本の中で、刑務所の中で丁寧なカウンセリングを長い間受けていたのが、大きな転機になった、とありましたよね。自分の話を丁寧に受け止めてもらえるという体験は、もしかすると、「自分には価値がない」っていう思いを少しだけ払拭してくれたりしたのでしょうか。

渡邊 カウンセリングもそうだったと思うんですけど、自分にとっては刑務所で初めて、「自分で生きなあかん」という状況になったことが大きかったですね。精神的によりかかるものがなくなったっていうか、刑務所の外にいる人のことを思って不安になったり疑ったり腹立ったり、いろんなことを繰り返して、でも、けっきょく「自分で生きなあかん」っていう気持ちになったというか。

朝起きて、腹が立っても作業して、夜がきたら寝てっていう生活のなかで、不安でしゃあないけども、その不安は出所してからでないと解決せえへんのやったら、その不安を抱えたまま、それでも自分は目の前にあることをせなあかんっていう状況になって、そこで初めて、それをしてる自分のことを「大事なんかな」っていうふうに思えたんですよね。

松本

それが大きかったんだね。ぼくが本を読んでぜひ聞いてみたいなと思ったのは、刑務所のカウンセリングに行くよね。そこで、今までいえなかった思いがいえるようになって、これまでとは違うかかわりが始まっていくよね。

それ以前の人間関係は、上／下か、支配／屈服だった感じがしました。たとえば、自傷したり、薬物を使ったりすることで、周囲から注目を得て、とにかく上に立つっていう状況だったのが、出所してから自助グループっていう、水平な横並びの関係の中に入っていくんだよね。なんであそこにスッと入っていけたんだろうなって、そこの変化が読みながら気になっていたんだよね。

渡邊　自助グループが、綺麗ごとじゃなく、無償の愛でかかわってくれたり、無条件に受け入れてくれたっていうのが大きいですね。アルコールを飲まないで生きたいかどうかっていう条件だけはあるんですけど、でもそれ以上の条件をつけずに、いろんな手助けをしてくれたり、一緒に時間を過ごしてくれたりして。だから最初は、不思議で仕方なかったんですよ。

なぜなら、過去のことを振り返ると、「モノを見せろ」とか、「かかわりの度合いを見せろ」とか、「好きやったら二四時間きてくれるやろう」とか、「仕事を辞めてでもそばにおるのが愛やろう」とか。それまで「かたち」ばっかり必死で求めてきたのに、自助グループの中では「かたち」じゃなくて、「中にあるもの」を見てくれた。ぼくが偉いわけでもないのに、時間をかけて一緒に飲まないで生きてくれた人たちの中には、その行為が先にあって、この人たちが愛とか、信じることを抜きには、あり得ないことをしてくれたのが大きかったです。

松本　刑務所に入る前、精神科病院に入退院を繰り返しているときにも、自助グループに行くように言われて、いやいやかもしれないけれど行っていた時期もあったよね。同じ自助グループなんだけど、どうしてこのときは自分から参加するようになったんだろう。

渡邊　刑務所を出たあとに、簡単にまたお酒を飲んだんですよ。そのときに初めて、自分が依存症やってことにやっと納得ができたんです。二〇歳で初めて精神科病院に入って、そのときに自助グループにもいろいろ行ったりしたんですけど、「行って」って言われるから行くだけ、若いからちやほやされて楽しいっていうだけで、自分に必要だと思えなかった。
　でも刑務所を出てから、お酒を再び飲んで、自分は本当にお酒がやめられへんねやって思ったときに、自分以外の力を頼るようになった。飲みたくないはずの酒を簡単に飲む自分にとって必要やから、必死でミーティングに通った感じですね。

松本　豊かな失敗があって、そこから進歩ができたんだね。

――洋次郎さんは、自分の感情を言葉にするのがすごくお上手ですよね。でも子どものころは自分の寂しさをうまく表現できなかった。なにがきっかけで今の状態になったんでしょう。

松本　それがわかれば世話ないよ……って感じだけど（笑）、でもそう聞きたくなる気持ちもよくわかりますね。

渡邊　変ないい方やけど、ミーティングにたくさん行かしてもらって、自分の話もたくさんしたんですけど、でも、それよりやっぱり、たくさん仲間の話を聞かせてもらったことで、なんか……なんていうか……。

松本　うん、わかる。語彙が増えるんだよね。それはぼくも患者さんと話していて思う。そんなに言葉を知らなかった人がミーティングに一生懸命通って、話したり聞いたりしてるうちに、これまで言葉にできなかった感情を当てはめる語彙を獲得してくんだよね。それはたしかにあるような気がする。

——洋次郎さんは、「理解できないことがたくさんある」っておっしゃってましたけど、私はお仕事しやすいなと感じることもありました。「こういうふうにしてくれれば、自分は理解できるから、こういうふうにしてほしい」という、他者に対する要求が的確というか。

松本 昔は周囲の人になにを要求していいかわからなかったんだけど、どこかのタイミングで要求することがかなり具体的にぐっと絞られてきて、それで生きやすくなってきてるのかな。

渡邊 今の段階での話ですけど、自分っていうのがこういう人間なんかなっていうことがわかってきたのは感じますね。

患者の未来像を楽観的に描いてほしい

——リカバリーには自助グループの存在が大きいと思うのですが、一方で、援助者が当事者のセルフスティグマを深めないかかわりをしたり、条件づけしない関係性を築くには、どういうふうに心がけていったらいいと思いますか。

松本 渡邊さんのような当事者の方たちって、とてつもない寂しさとか、人間不信とか、あるいは承認されることへの飢えなどを抱えていると思うんですよね。それは一人の援助者では到底受け止めきれないんですよ。でも、そこで「受け止められません」

って放り出してしまったら、「やっぱり人は助けてくれないじゃないか」っていう思いを深めるだけなんですよね。

だから、援助者が潰れないためには、やっぱり複数人・チームで当たるとか、あるいは他機関とネットワークを組んで支援するということが、たぶん必要なんだろうと思う。

あと、先ほどからお話ししているように、いわゆる「問題行動」には適応的な部分や自分を救ってくれる部分もあるんですよね。だから、「問題行動」をやったり・やめたりっていうふうに繰り返して、入院もたくさんするかもしれないけれども、そこも生き延びるプロセスなんだっていうふうに、われわれ援助者が覚悟する必要があると思うんですよね。

そのときにわれわれを支えるのは「楽観性」だと思うんです。「こいつはきっとだめだ」、「もう絶対回復しない」って思ってるよりは、「いや、すったもんだしてる人が、意外に大化けするんだよね」って、楽観的な未来像を描けるかどうか。それが決め手になるんですよ。

でもね、援助者の多くは、その依存症の当事者の方の人生の中で一番ひどいところにしか出会わないから、楽観的になりにくいですよね。そこで大事なのは、多くの回復者に会うことなんだろうなと思うんです。だからお話を聞いて、やっぱりわれわれは、楽観的な援助者になるために、渡邊さんたち回復者ともっともっと会い続ける必要があると思いましたね。

――楽観性という言葉は興味深いですね。洋次郎さんは、援助者の方に楽観視してもらえない、というご経験はありましたか。

渡邊 さっきの「問題行動」の話もありましたが、二〇歳過ぎぐらいで精神科病院に入院したときも、「あなたは病棟の風紀を乱します」っていうのが理由で強制退院になったりなど、病院のやり方に合わなくて出ていくことが多かったですね。

松本 援助者の都合でつくられてるサービスの枠組みって、少なからずあるような気がするんですよ。やっぱりぼくたち援助者はそれについては見直さなければならないと思います。

「援助者たちの都合」が絶対悪いわけじゃないですよ。ただ、自分たちの都合に合わせてもらわなければならないときには、それ相応の説明の仕方があると思うんですよね。たとえば、「ごめんなさい、ぼくらの都合であなたを見るのが限界なので、入院じゃなくて外来でしばらくやりましょう」とかね。渡邊さんだったらどうかな？それでもやっぱり、見捨てられた感じがするかな。

渡邊　ぼくも今支援者として働いていて、依存症のある支援者の人もいるんですけど、その人たちは自分らが手放すことも支援やって思ってんのかなっていう感じがあります。でも、当事者を主人公としたら、他の支援者とか医療者とか自助グループと出会って、もっとよい回復をすることもあると思う。

だから、離すってことを「見捨てた」って思うかもしれないけど、本人にとっては捨てられたことが支援なんかもしれへん。あくまで本人を主人公として見ることで、なにかまた違って見えてくるのかなと。

松本　援助者が限界を感じたときに、その患者さんを離すことが、逆に本人にマッチした新しい支援と出会うチャンスをつくるかもしれないってことですね。

——洋次郎さんは、援助者とのかかわりでどんなことが自分の回復の役に立ちましたか？

渡邊 今の職場の施設長が、精神的に幼かった自分に対して、本当に気長に、「まあしゃあないな」みたいな感じで向き合ってくれたのは、結果としてはありがたかったですね。それ以外の人でそれをやろうとした人がいたかっていったら、やっぱりいなかったんで、そういう意味ではありがたかったなと。

援助者自身のトラウマや傷のケアも必要

――松本さんに質問ですが、援助者自身が自信のなさから、傷つき体験を避けたがったり、トラウマへの直面を回避するために、傷つきを抱えた患者さんと向き合うことができないということはありますか？　そうなると援助者にもトラウマインフォームドケアは必要なんでしょうか？

松本 医療者だって人間なので不完全だったり、いろんな欠点を抱えてるんですよね。でも資格を持っているとか、あるいは白衣とかを着ていることによって、本当の援助者のようなふりをしながら、つま先立ちしてやってることって少なからずあります。患者さんが抱えている心の傷と向き合わなきゃと思いながらも、それに圧倒されたり、あるいは仕事を終えたあとも引きずったりする人たちが結構いるんですよね。そういう意味では、援助者に対するトラウマインフォームドケアは、本当に必要になってくると思いますね。

渡邊 自分も支援者として、この人すごい怖いと思うときがあります。自分が過去に入院をたくさんしたりとか、刑務所とか入っているような人間でも、明らかに威圧してくる人がいると、「怖い」ってのが先にきて、その人に「面談してください」って言われても、めっちゃ嫌やなって思うときがあります。でも、そこも大事にしたいなと思ってます。なんでもかんでもできるんじゃなくて、苦手なこともありながら、仕事を続けられたらなと。あとは、仕事なんだからぜんぶやってね、だけで終わりにするんじゃなくて、まわりと相談したりするのも大事だと思う。「怖い」というのもちゃんと相談して、受け止められるようになっていくといいなと思っています。

■この対談は、二〇二〇年八月三〇日にオンラインで行われたトークイベントを加除・修正したものです。

犯罪は弱さや生きづらさの裏がえし
——刑務所しか居場所がない社会をどう変えるか

対談2……渡邊洋次郎×村木厚子

生きづらくても福祉につながれない

――お二人の出会いのきっかけを聞かせてください。

渡邊　「リカバリーパレードin関西」を依存症の仲間たちと開催したときに、「共生社会を創る愛の基金」から助成金をいただいたことがきっかけです。

村木　「共生社会を創る愛の基金」は、障害ゆえに罪を犯さざるを得なかった人たちをサポートしようとつくった基金です。生きづらくても福祉につながれず、犯罪をするケースもある。捕まっても取り調べや裁判のときに、障害ゆえに自分のことを主張できない人もいる。大きな問題があることを知って、お手伝いができることはないかと思い、設立しました。

渡邊　障害の度合いとか、生きにくさの種類は違うかもしれないけど、自分にも支援など足りないものがあって飲酒や非行を繰り返してきた部分はあったと思うので、村木さんたちはすごい大事な活動をされてるんやなって思っています。

村木 私の場合は国からまとまったお金……国家賠償金をもらっちゃったっていうのもあるんですけどね。それで基金をつくって、研究や草の根の活動をやりたい人に少しずつ助成金を出しています。そのおかげで洋次郎さんとも知り合うことができました。[*1]

――「障害のある人による犯罪」について、注目したのはいつごろからでしょうか。

村木 「郵便不正事件」で拘置所に一六四日間いたときのことです。刑務作業をしている中に若い女の子たちがいて、ものすごくびっくりしたんですね。検事からの取り調べのときに、「あの子たちはなにをしたんですか?」って聞いたら、「薬と売春が一番多い」って。

するとと、私がそういう問題に興味があると思ったのでしょうね、検事が「ぼくら正月前が忙しいんですよ」って話し始めて。「お正月を刑務所で過ごしたい人が、秋ぐらいに無銭飲食や万引きをして、刑務所へ入ってくる」と。そうはいっても、大阪の拘置所には冷暖房がないから、冬は寒いんですよ。それを「まだマシ」と思って犯罪をする人がいる。厳しい家庭の事情や経済的な困窮ゆえに、刑務所までくる女の子もいる。私にとっては衝撃で。

私とすれ違う受刑者をよく見ていると、自分が福祉の現場で会ってきた人とよく似ている。知的障害の人もいるし、きっと精神障害だなと思う人もいます。海外出身の人も多い。最初は「怖い人」「悪い人」がいる場所だと思ってたんだけど、生きづらい人がたくさんいました。うまく居場所が見つかってない人たちがきている。大きな発見でした。

渡邊 自分が薬物に走った背景に、小さいころからつらい気持ちを言葉で伝えても、周囲に受け止めてもらえなかったという体験があります。その中で生き抜こうとしてもまともな方法が見つからなくて、「不良になる」「強くなる」ことに必死になった。

＊1……二〇〇九年、当時厚生労働省局長だった村木厚子さんは、身に覚えのない郵便料金を不正に使用した罪で逮捕・起訴された。一六四日間の勾留の末、無罪判決が確定。その後、検察特捜部による捜査資料改ざん・隠ぺいが発覚。「捜査の問題点を検証したい」と起こした国家賠償請求に勝訴し、賠償金を手に入れた。

他人にひどいことをして、自分も粗末に扱って……。まわりから見たら加害者になってると思うんですけど、どっかに、被害者的ななにか……「許せない」っていう気持ちがずっとありました。

でも、「変われ」とか「やり直せ」とか言われても、「いやいや、非行をやめたときに出てくる「そのまんまの自分」を受け入れなかったんは、そっちでしょう?」みたいな思いがあって。だから、生きづらい人がもともと持ってる生きにくさとか、出せなかった言葉や感情を持ったままの自分を、受け入れてもらえる環境が必要だと思います。

犯罪も刑務所も「好きでやってるんでしょ」と言われる

渡邊 「正月前に刑務所にくる人」は、自己責任っていうか、「自分で好んできてるんでしょう」って思われてますよね。でも、支援や人とのつながり、居場所があるような、「それ(犯罪)をしなくても生きられる社会」がない限り、本人が選んできたのかどうかはわからないと思う。

生きてて楽しいなと思う場所があって、刑務所とどっち選びますかっていうのと、社会の中では生き抜けない、ご飯も食べられない、頼れる人もいないっていう中で刑務所を選ばざるを得ない状況なのは、違う。一緒に生きられる場所が社会にないから犯罪や非行に陥っていくんだと思います。

村木　たとえば、でっかい迷路を歩いているとして、正しい道を行けば一カ所しかない出口にたどり着けるのかもしれない。でも、迷路って、こちらの道がうまくいかない、じゃあこっちへ行ってみよう、それでもうまくいかない……みたいな感じで歩きますよね。人生も同じだと思うんです。

迷路を上から見ていれば、簡単に出口にたどり着くのかもしれない。でも、自分が今いる場所から「出口」は見えない。こっちはもっと苦しい、だから刑務所のほ

むらき・あつこ……一九五五生まれ。高知大学卒業。七八年労働省（現厚生労働省）入省。女性政策、障害者政策などに携わり、二〇一三年から一五年まで厚生労働事務次官。退官後は津田塾大学で教鞭をとるほか、企業の社外取締役などを務める。また、累犯障害者を支援する「共生社会を創る愛の基金」や、生きづらさを抱える若年女性を支援する「若草プロジェクト」の活動に携わっている。

うがまだマシとか、そういう状況で選択した結果の犯罪なのに、「自己責任」って言われちゃう。それは違うなと思います。

渡邊 でも、社会をつくっている大多数の人は、「そこから外れたあんたらが悪い」「自分たちはおかしくない」、もっというと、「自分らもルールを必死で守ってるのに、あいつらだけ特別扱いされて」みたいに思ってる。だから、人の弱さや未熟さを許してあげられないいんかな。
でも、ぼくは、そういう許してあげられない人たちとも一緒になれたらいいかなって思います。苦しい思いをしているのは一緒やろうし、そういう人らと共感し合ったりできないかなって。

更生とはなにか

――最近、「更生支援」ってよく聞きますけれども、罪を犯さざるを得ない状況にいた人にとっての「更生」ってなんなのでしょうね。

村木　その人たちに、「努力すれば更生できる」っていうのは違う気がしますよね。自分はしんどい場所に今すでにいるんだし、一からやり直せない。今いる場所から始めるしかないわけだから、そのときに、誰かに頼んで一緒に出口を探して歩いてもらうとか、磁石や地図をもらうことができればいいのでしょうか。

渡邉　うーん……。依存症の回復も、犯罪の更生も、自分で「いいやん」って思えたら、それでいいかな。「これが更生」とか「これが回復」みたいな、決まった状態や定義があること自体がしんどいなあと思います。だから、更生とか回復という呼び名がなくてもいいんかなって、自分は思ってて。

村木　もう少し歩いてみるか、って思えればいいんですかね。「更生」というと、一定のレベルを押し付けられるという感覚がありますか？

渡邉　刑務所や更生保護施設は、働けることが社会復帰だと思ってるところがあると感じます。あとは、人間関係が上手にできるとか、社会に適応できるとか。
でも、アルコール依存症のぼくからすると、施設や病院に自分を壊されてきた部分もある。精神科病院に入れられて拘束されて、つらいから泣き叫んだり暴れたりするじゃないですか。でも「暴れるあなたが異常」とされるんですよ。病院の環境に合わせていれば住まわせてくれるから、環境に馴染めば馴染むだけ、社会の正常から外れていく。日常生活を送れなくしたのは病院なのに、「社会に適応しろ」と言われるのはおかしいと思っていました。

村木

刑務所の中って、ある意味で秩序立っていますよね。トラブルがあっても、必ず刑務官の人がきてくれるし、自分に危害を加えようとする人がいたら、絶対刑務官が守る。自分の世話をしてくれる人がいる環境なんですよね。その代わり、管理され、自由がなく、考えなくても生きていける。

一方、外の社会は自由だけれど、混とんとしている。私は刑務所から出て道を歩いたときに、人とすれ違うのが怖かったんですよ。向こうから歩いてくる人が悪い人かもしれないし、怖い人かもしれない。でも、自分を守ってくれる刑務官はいない。けっきょく、自分の味方をしてくれる人がいなかったら、刑務所の外は怖い世界です。そこで安心感をつくれるかどうか。刑務所の中の暮らしは外で暮らすための準備にはあまり役立たないような気がします。だけど、最低限、安全が保たれてるっていう感覚がある。外の世界に出たとき、逃げ込める場所があるかどうか、この人にいえばとにかく話を聞いてもらえるという存在がいるかどうか、居場所と思えるところがあるかどうか。その環境の差が、つらい状況にある人の人生を左右してしまっていると思います。

「加害」と「被害」の言葉だけではわからない

渡邊　最近の悩みでもあるんですけど、「加害」「被害」って言葉があんまりよくないんかなって思ってます。

たとえば、ある事件を起こして加害者になったけど、昨日やおととい、一年前二年前までは、ずっとなにかしらの被害者だった可能性もある。でも、事件を起こして一度加害者になると、報道もいかにもそれっぽいことというじゃないですか。「事件の〇日前から、こんな不審な行動をしていました」みたいな。ずっと加害者として生きてきたみたいに映ってしまう。

村木　うん、うん、うん。

渡邊　自分が精神科病院への入退院を繰り返したり、刑務所に行ったりしてたとき、「悪いことをしている」とか、「人に迷惑がかかっている」って言われました。たしかに、薬とかお酒飲んでいるときって、人からは楽しくてやっているふうに見えると思うんですけど、ぼくの中では、もう、とことん自分を痛めつけたい、苦しめたいっていう思いやったんです。そんなことをしていたらまわりからも受け入れてもらえないのに、そういうふうにしか生きられへん自分を罰することでもあった。自分で自分を責め続けて。その状態で、いきなり「まともになりまーす」っていうのは無理。

弱さをひた隠しにして生き抜こうとした、でもそれが人を傷つけたり嫌な思いにさせてしまったならば、その弱さを隠さない、まずそこから始める。加害者っていう言い方もあるけど、弱さを許してもらえなかった結果の加害でもあるから。

――加害に至る前のその人を見てみると、複雑な状況に置かれていたことがわかりますよね。そういったなかで「罪を償わせる」って、難しいことかもしれません。

渡邊　もちろん犯した罪は償わなきゃいけない。でも、たとえば薬物依存や自傷行為を改善しろっていうよりも、その人がなんでそれをするに至ったかを見てほしい。その人のことをちゃんと知らないと、弱さの裏返しで現れた犯罪っていうのはたぶん見えてこない。ちゃんと弱さを許してもらう体験があったら、行動が改まるかもしれないし、その生きにくさや弱さをどうするか一緒に考えていけると思うんです。

村木　社会的養護施設には、年齢の低いときから非行・犯罪にかかわっている子たちもいます。でも、そうした子のほとんどが、その子の生きてきた歴史を聞くと、「そうだったんだね」「わかるよ」「よく、ここで留まったね」っていえるんですよね。

少年院もそうですね。少年犯罪だと、やり直しを支える仕組みがあるんですよ[*2]。処罰ではなく、教育するとか、それまで生きてきた環境が悪かったから、リカバリーできるように支援するとか。

ただ、成年以降の犯罪に対しては支援の発想があんまりないんですよね。「もう大人なんだから、自分のやったことに責任取れますよね」と。だけど、大人であっ

＊2……少年院法、少年鑑別所法により、再非行を防止するための教育や、就労・就学支援、医療・福祉機関・保護観察所との連携などが行われている。

ても、事情があって結果的に犯罪に至ってしまったっていう状況は、たぶん一緒なんだと思うんですね。[*3]

ありのままの自分を受け入れる

村木 洋次郎さんの本の中で、ありのままの自分で生きるというような言葉が出てくるじゃないですか。[*4] それまでは、ありのままの自分が受け入れられなくて、薬やお酒を使っていたと思うんですけど、できるようになったきっかけって、なんだったんですか？

渡邉 その芽を育ててくれたのは、自助グループだと思います。感じたことを話して、黙って聞いてくれる人たちがいたり、いい意味で放置されたり。「(ミーティングのときに）椅子足りへんなぁ、出したほうがいいんかな」って思っても、誰も「出せ」とかっていわへんし。自分がいいと思ったことを、どんどんやれた環境があって。
　それまでは「失敗するくらいならやるな」って言われて生きてきたけど、自助グループでは「失敗してもいいからやったらいい」。一回目失敗しても、二回目で成功したらぜんぶ自分の経験になるって。そういう環境の中で「自分は愛されている」「許されている」っていう感覚をもらいました。自分に愛おしさみたいなのを感じたときに、同時に「許されている」っていう感覚が、自分の中に出てきた。生きるってことを自分に許してあげられた。

犯罪者だと自助グループが少ないですよね。[*5] アルコール依存症は、自助グループがいっぱいあって、過去のことや、いろんな生きにくさを話せるじゃないですか。そういう自分でも、つながりを持ってくれる人がいっぱいいる。でも、そうじゃない人たちは「刑務所に入ってない自分」を演じていなければならない。それはしんどいだろうなと思います。

＊3……令和四年に改正された刑法で、これまでの「懲役刑」が「拘禁刑」に変わる。刑罰の目的が、大人についても、懲らしめのために働かせるということよりも、改善更生のために作業をしたり、必要な指導を受けるということとなった。

＊4……「回復のプログラムを通して、手にしてきたのは、そうやって私自身を生きる生き方でした。年齢不相応でも、その人のペースとスピードを尊重してくれる仲間がいることで、ありのままとか等身大、身の丈がわかり始めました」(『下手くそやけどなんとか生きてるねん。』一七八頁)。

＊5……性犯罪、窃盗症などは自助グループがある。

母親の役割、家族のしんどさ

村木 本を読んでいて、洋次郎さんのお母さんの気持ちをすごく考えてしまいました。もし自分が洋次郎さんのお母さんだったら、なにができたのかなあって、問いかけながら。

渡邊 刑務所にいたときに、母から手紙をもらったことがありました。母親も自助グループにつながっていて、そのなかでいろいろ振り返ったみたいで、謝罪の言葉もありました。

　ぼくが刑務所を出たときに、母親がいってくれたことがあって。「あなたによくなってほしい、助けたいって気持ちも嘘じゃなかったけど、本当はものすごく怖かったし、同時にものすごい恨んでた」って。母親も「一生懸命、この子のためにしてあげなあかん」って思ってたけど、ぼくがよくならないと、病院や警察から「お母さん、愛情が足りないよ」「もっと頑張りなさいよ」みたいなことも言われる。

　ぼくは精神科病院への入退院を繰り返すようになってから生活保護も受けてなかったんで、お金もなくて親を病院に呼び出したり、閉鎖病棟だと一人で外出もできないんで、家から二時間かけて病院にこさせて、外出をしたりしていました。いつ退院できるかもわからないから、母の職場に電話して、「早よ出せ!」と怒鳴ったりもしてたんですよね。「自分はこの子の奴隷なのかな」って母親は思っていたみたいで。ぼくのことを許せなくて、「この子、死んでくれたらいいのに」「殺したい」と思ってしまうけど、実の子を「殺したい」と思う自分のことも許せずに、自分自身を責め続けてきたそうです。そんな話を刑務所を出たときに聞いて、母親に対して、ものすごい申し訳ないなっていう気持ちになりました。ぼくからしたら、精神科病院がとにかくつらかったんですけど、母親からしたら、怖かっただろうなと。

ただ、親が一人でぜんぶ面倒みる必要もないやろうと思うんです。「子をなんとかするのが親の責任や!」っていう社会のルールのせいで、ぼくの母親もすごい苦しみ続けてきた。社会から、「親の責任」をなくしてしまったほうがいいなって思う。二〇一三年までは「保護者制度」[*6]があって、入院・退院・外出の際にも親が同意したりすることになってましたよね。確かに、親は一番身近で支援ができる存在です

＊6……現在は、保護者制度が廃止になり、医療保護入院の場合にのみ「家族等」の同意が必要となっている。「家族等」の同意が取れない場合は、市町村長により可能となっている。

けど、「やりたくてやる」のと「社会が要求する」っていうのは、やっぱり違うかなと思います。

刑務所出てから一〇年以上が経つんですけど、今もたまに「焼肉するから家にきいや」って母がいってくれます。姉ちゃんや妹も集まってしゃべりながら、ご飯食べたりする。そのときに「家族」っていうワードが出ると、みんな拒絶反応がすごい。それを見て、「親子」とか「家族」っていうのは、うちは終わったんやなあって。一人ひとりがばらばらで、「気が向いたら会う」ぐらいの、新たな関係性になったと思います。

ラベルではなく、その人を見てほしい

――薬物使用や非行などをしてしまった人を、どのような場所につないでいくことができればよいのでしょうか？　今後どのような場所をつくっていくことが必要だと思いますか？

村木　その人がちゃんと話せる、自分の気持ちを隠さなくていい場所は必要かなあ。少年院を出た人たちの自助グループがあって、その役割ってすごく大きいと思いました。

そのうえで、犯罪をする人には、いろんな要因がありますよね。たとえば虐待や貧困、障害とか、いっぱいある。その背景を解きほぐしていって、問題を取り出して、どんなケアが必要かを考えて、支援機関につないでいく。伴走できるケアマネのような人がいると、すごく違いますよね。

二〇一六年に再犯防止推進法が議員立法によってできて、計画も策定されたことによって、矯正施設や保護観察だけではなく、地域社会でも継続的に支援が受けられるように、自治体や民間機関との連携が強化されました。

それでも、「再犯防止」や「更生支援」という言葉が巷で使われるようになったのは最近ですから、まだまだこれからですかね。依存症の自助グループなど、民間の役割も大きいですよね。「若草プロジェクト」もそうですが、制度がない分野では、まず民間が頑張ってみるということでしょうか。

――生きづらさゆえに犯罪を犯してしまう人に、何が必要だと思いますか。

渡邊　「犯罪者」や「依存症者」といっても、その人と出会っていくなかで、共通項は見つかると思うんです。ぼくと親子ほど歳が離れている学生さんから、「洋次郎さんって、承認欲求がめっちゃ強いんですね。でも、ぼくらは承認欲求をSNSで満たしてますよ」って言われたり。承認欲求そのものはそんなに悪いものではないし、人が生きていくうえで誰しも持っているもの。「SNSで「いいね」をもらうのは、問題になることはあまりないけど、でも洋次郎さんは適当な方法が見つからなくって、非行や薬物で発散していたんですね」って。それが伝わることで、他人ごとが自分ごとに変わる。

精神科病院や刑務所に出入りしている人を、「あいつらが悪いねん」と自己責任にしてしまえる人たちが、自分と犯罪者との共通項を探しているとは思えないです。その人は、生きづらさを犯罪や薬物ではない形でうまいこと発散できているのかもしれない。でも、人とのつながりとかも得られへんまま、空回りし続けた結果、精神科病院や刑務所に入らざるを得ない人がいるって考えたら、「自己責任なんやから、仕方ないやん」では済まないなぁって。

ちゃんと耳傾けて聞いていけば、自分と似ている部分もあるはずじゃないですか。今の社会は、依存症や非行をどんどん「ないこと」にしていく社会でしょう。弱さを認めない。そうやって、刑務所に出入りしている人たちを切り捨てて、自分らだけの安全な世界をつくろうとするのかもしれんけど、弱さを許容しない社会で生き残っても、それは自分の首を絞めるようなもんじゃないですか。だから、誰もがやっぱり「弱さ」を持っているって、前提としてみんなに思ってほしい。

村木 日本で自殺が最も少ないと言われる地域のことを調べた岡檀《おかまゆみ》さんが、その地域でよく言われる言葉として「病は市に出せ」というのがある、と書いていましたね。[*7] 要するに、つらいこと、嫌なことを早くオープンにして、周囲の人や専門家の助けを借りるのが大切みたいです。だから、弱さをさらけ出すことができて、自分ができないことがあれば、人の助けを借りる。そうすると、かなり楽になりますよね。

□この対談は、二〇二二年三月二日に行われたトークイベントを加除・修正したものです。

＊7……岡檀『生き心地の良い町——この自殺率の低さには理由《わけ》がある』（講談社、二〇一三）

対談2…………渡邊洋次郎×村木厚子

弱さでつながり、弱さに応える

——「内なる子ども」の声に耳を傾ける

対談3……渡邊洋次郎×伊藤絵美

「おかしな子ども」にも理由がある

――伊藤さんは『下手くそやけどなんとか生きてるねん。』をお読みになって、いかがでしたか。

伊藤　「おもしろい」という感想が適切かどうか……でも、おもしろかったです。

ミミズの死骸の話[*1]がすごく印象に残りました。渡邊さんは、はたから見ると、「おかしなことをする子ども」に見えていたはずです。でも、そのときの渡邊さん――「洋次郎くん」って呼んでもいいですか？　洋次郎くんは、「温もりを知ってから死んでほしかった」んだと。だからその死んじゃったミミズを、いったん自分の唇とか肌に触れさせて、温もりをあげてから、おやすみといっていた。

大人もそれがわかっていたら、「そっか、だから君はそういうことをしていたんだね」「優しいね」と声をかけてあげたくなりますよね。でも、やっぱり知らない

＊1……河川敷にあるミミズの死骸を一つひとつ拾い上げて、自分の頬や唇に触れさせてから土の上に置いていた、という小学生のときのエピソード（『下手くそやけどなんとか生きてるねん。』二八頁）。

いとう・えみ……………東京都生まれ。臨床心理士、公認心理師、博士（社会学）。精神科クリニックでの心理職、民間企業での従業員支援事業を経て、二〇〇四年に洗足ストレスコーピング・サポートオフィスを開設。他にアウトリーチでアディクション支援や臨床、司法臨床にも従事。主な著書に『セルフケアの道具箱』（晶文社）、『コーピングのやさしい教科書』（金剛出版）など多数。

人が見たら「お前なにやってんだ」みたいな反応になっちゃう。「本当は洋次郎くんはこういう気持ちだったんだよね、わかるよ」っていってくれる大人がいなかったから、薬物やアルコール依存症という「非機能的コーピングモード」（後述）にいかざるを得なかった。その歴史がこの本には書いてありました。

スキーマ療法とはなにか

——今、「非機能的コーピングモード」という言葉が出ました。伊藤さんのご専門である「スキーマ療法」について、ちょっとだけ解説をお願いできますか。

伊藤　専門的な細かい話は省いて、ざっくりとご紹介します。スキーマ療法は、アメリカのジェフリー・ヤング先生が開発した、認知行動療法[*2]を中心とした統合的な心理療法です。

一九七〇年代に、アーロン・ベック先生がうつ病のためにつくったのが認知行動療法なのですが、その弟子がヤング先生です。でも、ヤング先生が臨床の場で対応していた方は、うつ病というより、渡邊さんのようにいろんな生きづらさを抱えて、にっちもさっちもいかなくなってる人たちだったんですね。その人たちのニーズに応えるために認知行動療法を拡張したら、スキーマ療法ができたという経緯があります。いちおう、境界性パーソナリティ障害に対して構築された手法ではあるんですけど、特定の疾患に限ったものではありません。

スキーマ療法は、人が生まれ育つなかで出てくる生きづらさに、言葉を与えるものです。なぜ生きづらいのか、スキーマ療法の考え方で仮説を立ててみて、「そこを乗り越えていくためには、こうしたらいいんじゃないか？」と、そのヒントを提

＊2……認知（たとえば、現実の受け取り方やものの見方）と行動に働きかけて、心のストレスを軽くしていく治療法。

供します。だから、スキーマ療法のキーワードは「生きづらさ」です。スキーマ療法について学びたい方は、『心の体質改善　スキーマ療法　自習ガイド』をご覧ください。

スキーマとはなにか？　私たちが生まれて育っていくなかで学習した価値観やルールだと思ってください。たとえば、「赤信号は止まれ。青信号は進め」。わざわざ意識することもないほど心に染み付いた約束ごとです。信号を見るたびに、「青ってどっちだっけ？」とか悩んだりしていたら大変ですよね。だから、スキーマとは、通常私たちが生きやすくなるために学習されるものなんです。

ですが、スキーマ療法では、その人にとってあまり助けにならないスキーマに焦点を当てます。たとえば、学校や家庭でひどい目に遭っているのに、「助けを求めても誰も助けてくれない」という子どもがいたとします。そういう子どもは、自分を守るために「人は信じられない」「誰かをうっかり信じたら、ひどい目に遭う」と深いところで思うようになります。それでなんとか生き延びたけれど、大人になっても同じような対処をし続けてしまう。それって、結構きついですよね。人とつながれないし、いつでも警戒してなきゃいけない。親切な人が現れても、「危ない」「なにか裏があるに違いない」「絶対信じるもんか！」と疑ってしまう。子ども時代に自分を守るためのものだったはずのスキーマが、大人になって邪魔をしてしまう。そういうスキーマのことを、「早期不適応的スキーマ」といいます。

もう一つ、スキーマ療法では、その子がもともと持っている「気質」が重要だと言われています。気質とは、「生まれつきの性格」みたいなものだと思ってください。

もともと不安が強くて養育者とずっと一緒にいたい気質の子どももいれば、いろんなところに興味や好奇心があって、好きなところに行って自由にやりたい、という子どももいる。子どもの気質によって、欲求の満たされ方は違います。その子がもともと持っている気質から生じる欲求がうまく満たされなくても、早期不適応的スキーマができてしまうのです。

早期不適応的スキーマとして、ヤング先生は一八種類をあげています（表を参照）。

『心の体質改善　スキーマ療法　自習ガイド』
伊藤絵美監修
日本におけるスキーマ療法の第一人者である伊藤氏のガイドで、イラストとともに自分を振り返っていく自習書。
アスク・ヒューマン・ケア、二〇一八年、定価：九九〇円＋税

表　18種類の早期不適応的スキーマ

第1領域のスキーマ 「一人ぼっち・つながれない」	
1	見捨てられスキーマ
2	不信・虐待スキーマ
3	欠陥・恥スキーマ
4	「愛されない」「わかってもらえない」スキーマ
5	孤立スキーマ
第2領域のスキーマ 「自信がない・一人じゃできない」	
6	無能・依存スキーマ
7	「この世にはなにがあるかわからないし、自分はいとも簡単にやられてしまう」スキーマ
8	巻き込まれスキーマ
9	失敗スキーマ
第3領域のスキーマ 「他者優先」	
10	服従スキーマ
11	自己犠牲スキーマ
12	「ほめられたい」「評価されたい」スキーマ
第4領域のスキーマ 「がんじがらめ」	
13	否定・悲観スキーマ
14	感情抑制スキーマ
15	完璧主義スキーマ
16	罰スキーマ
第5領域のスキーマ 「野放し」	
17	「オレ様・女王様」スキーマ
18	「自分をコントロールできない」スキーマ

渡邊さんの本を読むと、いろんなスキーマが出てきます。たとえば、お母さんと離れたときにすごく寂しかった、しんどかった、という「見捨てられスキーマ」。「不信・虐待スキーマ」もありますよね。渡邊さんのように、第一領域にスキーマが一つでもあると、すごく生きづらいと言われています。でも、それは渡邊さんの責任ではありません。先ほどお話ししたように、渡邊さんが持っているもともとの気質から生じる欲求が満たされないことで、とても傷ついてしまった。そういうことを繰り返し体験することによっても、スキーマができてしまうんです。だから、傷ついて生きづらい人こそ、スキーマがいっぱいあるんですね。

このスキーマに対して、どんなふうに対処するか。いくつか種類があります。

・スキーマへの服従
・スキーマの回避
・スキーマの過剰補償

「スキーマへの服従」は、たとえば、「不信・虐待スキーマ」を持っている人が、「もう誰も信じないぞ」という気持ちで人とかかわることで、スキーマのいいなりになってしまうような対処方法。

「スキーマへの回避」は、たとえば「不信・虐待スキーマ」を持っている人が、人と付き合ったときの心の痛みや、「この人にも裏切られるかもしれない」という不安を感じなくするために、人との付き合いをやめるなどの対処をとることです。もともと誰も信じられない人にとって、「あ、この人、やっぱり自分のこと嫌いなんだ」と感じてしまうのは、とてもしんどいことですよね。そうやって心の痛みを断つような対処のことを、「回避」といいます。それこそ、薬物やアルコールの摂取が回避の手段になってしまう人もいます。

「スキーマの過剰補償」は、スキーマに対して逆ギレする対処です。「みんな自分に嫌なことをしてくるやつだ。だったら、自分が先に嫌なことをしてやれ」みたいな。

スキーマを持っているだけでも生きづらいのに、この三つのような対処をとってしまうことで、生きづらさがさらにこじれてしまいます。そこで、スキーマ療法では「モード」という考え方を使って、早期不適応的スキーマが発動したときのことをみずから理解したり、うまく対処するためのヒントにしています。

◎チャイルドモード

——脆弱なチャイルドモード
——怒れるチャイルドモード
——衝動的・非自律的チャイルドモード
——ハッピーチャイルドモード
◎非機能的コーピングモード
◎非機能的ペアレントモード
——懲罰的ペアレントモード
——要求的ペアレントモード
◎ヘルシーアダルトモード

「チャイルドモード」は、その人の、とくに感情の部分ですね。なかでも「脆弱なチャイルドモード」は、欲求が満たされなくて悲しいよ、不安だよ、寂しいよと、その人の中の「内なる子ども」が傷ついた状態です。内なる子どもが欲求を満たしてもらえなくて怒っている状態は、「怒れるチャイルドモード」。「衝動的・非自律的チャイルドモード」は、やりたい放題になっちゃう状態です。大人が「危ないよ」って止めてくれないから、つい暴走しちゃう子どもっていますよね。「ハッピーチャイルドモード」は、欲求が満たされて、とても安心していて、リラックスしていて、楽しいな、という状態です。幸せなチャイルドは傷ついた状態が続くと隠れてしまいますが、本来は誰の中にも存在するものです。

それに対して「非機能的コーピングモード」は、一見自分を救うための対処のようで、実際には自分のためにならない対処、たとえば薬や酒でごまかす、などです。この「非機能的コーピングモード」をずっと使っていると、チャイルドが救われません。一時的なつらさはなんとかごまかせるんですけど、チャイルドの欲求がちっとも満たされない。だから非機能的っていうんですね。このモードを否定する必要はないんだけど、少しずつ使わなくなっていくほうがいい。

「非機能的ペアレントモード」は、内なる子どもを「ダメじゃないか」と叱責したり、ののしったりする心の声です。親だけではなくて、兄弟、親戚、まわりの大人や学校の先生、あるいはいじめっ子に、「お前なんかダメだ」「もっと頑張らないとダメだ」って言われたときの声にとらわれている状態でもあります。この声をチャイルドが聞けば聞くほど傷つきますし、頑張りをいくら要求されてもキリがないんですね。だから、「ペアレントモード」はチャイルドにとってほぼ必要ない。

四つ目の「ヘルシーアダルトモード」は、「健全な大人の機能」です。スキーマ療法の目標は、自分の中で「健全な大人の機能」を強めていって、自分の中のチャイルドに適切なケアができるようになることです。

スキーマ療法をやるときのイメージは、「ヘルシーアダルトモード」をドカンと中心に置いて、「脆弱なチャイルドモード」に対して「どうしたの？　なにがあったの？」「どうしてほしかったの？」と聞いて、その子の欲求を満たしていく感じです。「非機能的コーピングモード」には引退してもらい、「非機能的ペアレントモード」には、「ヘルシーアダルトモード」が「うるさい、出ていけ！」といって「内なる子ども」を守ることで、お引き取りいただく。

「内なる子ども」の声を聞く

——洋次郎さんはスキーマ療法の説明を受けて、いかがでしたか。

渡邊　伊藤さんのいう「内なる子ども」と同じかわからないんですけど、自分の中にも「小さな声」みたいなものはずっとあって。でも、その「小さな声」が生きていくには邪魔になって、見て見ぬふりしていました。自分をちゃんと受け入れたり人に伝えたりするよりも、友だちと万引きして、親の金盗んで高い買い物して、友だちにばらまいて……滑稽なことをやって処理してしまう、というか。自分が感じていることに自分自身が気づかないふりをしたり、一日忙しくして、なかったことにしてしまうみたいな生き方を、ずっとやっていました。

伊藤 おそらく、渡邊さんも好きでそうしたわけじゃないんですよね。渡邊さんがうんと小さいときから、「どうしたいの？」とか「どうしてほしいの？」って、ずっと聞いてもらっていたら、たぶん自分の気持ちがわかりやすくなっていたはず。でも、まわりの大人から見てもらえないことで、自分の気持ちが見られなくなってしまった。

渡邊 そうですね。それでも、ぼくは今、小さいときに感じていたものともう一回、向き合うっていうか、自分の中にいろんな声があるけれども、そのなかでも小さいころにないがしろにしていたような声を聞きながら生きることを、最終的には選んでいると思います。

自助グループに参加して、ミーティングの仲間に出会うなかで、気づいたらそういうふうになっていった、という感じなんですけど。今の自分にとっては「小さな声」は生きるためになくてはならないものに変わっています。

伊藤 自助グループには本当にいろんな人がいるから、仲間がヘルシー（アダルトモード）さんにもなってくれるし、傷ついた子ども（脆弱なチャイルドモード）のモデルにもなってくれますよね。渡邊さんの本には、他の人が「傷つき」を自己開示する様子を渡邊さんが目撃して、「それでもいいんだ」って気づく場面が出てきます。傷ついた子ども同士で、「つらかったね」と共有できる。

自助グループにいれば、自分の「内なる子ども」のケアをする人が、自分のヘルシーさん以外にも見つかります。あるいは、支援者や援助者といったまわりの人の力も借りつつ自分のヘルシーさんを強化するというか、グループをつくってチャイルドをケアしていくことができますよね。そういったことを、スキーマ療法だと「治療的再養育法」と呼ぶんですけど、自助グループでは、スキーマ療法で起きていることが豊かな形で展開していると思いました。

渡邊 もう自分の人生は自助グループに捧げてもいい、自分はそれに信頼を置いて生きていくんや、ってくらい、確信を持ってやってます。そこは、「ミーティングから離れたら飲むで」っていうところと通じてるからやと思うんですけど。
だから、自分がミーティングとか、仲間の姿によって酒を飲まずにいることができているのを、伊藤さんがカウンセリングを通して実現されているのであれば、それはすごいことだなって思います。

伊藤　カウンセラーだけじゃぜんぜん足りないんですよ。当事者とカウンセラーだけでわかり合ってしまって、「カウンセラーだけが私のことを受け入れてくれる」みたいに不健全な関係に陥ってしまうこともある。だから、自助グループとか他者の存在って、すごく大事なんですよね。
カウンセリングで、私がすごく大事だなと思っているのは、その人の生活のなかで、たとえば「私（カウンセラー）と同じようなやり取りができる人って誰がいるかな」とか、いなかったら、「どうやって見つけるかな」って、ちょっとでも他者とつながることに前向きになってもらうことです。自助グループって、それをなさっているんだなというふうに思いました。

生き延びるためにそれを選択するしかなかった

渡邊　さっき、「非機能的ペアレントモード」ってありましたけど、自分もまさにそういう経験があります。精神科病院から退院して自由になるとか、お酒をやめて素面になってみるとかしようとしても、「(自分を)許したらあかん」「もっと苦しまなあかん」っていう気持ちで、いい方向に行きかけても自分で戻してしまってて。薬も酒も自分を痛めつけるものとして使い続けた。

それが変わったきっかけは、刑務所の中でカウンセラーから「あなたを許せるのは、あなたの神様とあなた自身」と言われて、「許してもいいんだ」っていうことに気づいたことです。今までは「絶対(自分を)許したらあかん」ということしか頭になくて、でも、そのカウンセラーの人の言葉を通して、「許してもいい」という選択肢が出てきました。

今、伊藤さんの話を聞いてて、ぼくは「自分を許して生きていこう」という勇気を、自分のために持ってあげられへんかったんやなぁと。本当は許してあげたかったけど、それが自分はできなかった。苦しみとか、いろんなものがあって、許したらあかんって思ってきたけど、本当は許してあげたい、許してほしかった。そのことで自分は涙も出て。で、なんかやっと決心がついたというか、そんな自分で生きてあげようかなあって。

伊藤　コーピングでいうと、つらい感情を罰するためにアルコールを飲むのは、「懲罰的ペアレントモード」。「罰スキーマ」ともいうんですけれども、たとえば自分を許さない、罰を与えるために薬物を使ってしまう。すごく複雑な気持ちなんですよね。飲むことで、つらさを忘れて酩酊したいって気持ちもあれば、「お前なんか許されない存在なんだから、ずっと飲み続けろ」みたいな感情もある。「非機能的コーピングモード」と「非機能的ペアレントモード」が渡邊さんが幸福になることを邪魔してたんですよね。カウンセラーとのシーンは、この二つのモードに引っ込んでもらうために、「許してあげたい」という「ヘルシーアダルトモード」と、「そのままの自分を許してほしかったんだ」っていう「チャイルドモード」が、やっとつながれた瞬間だったのかなあ、なんて思います。

カウンセラーとしてのかかわり

――刑務所でのカウンセリング中に洋次郎さんが泣いてしまったときに、カウンセラーさんが肩を抱きしめるというかかわりがありました。時と場合によってはこういった対応も必要なのでしょうか。

伊藤 スキーマ療法というセラピーを始めてから、やっぱりそういう瞬間はあるし、大事にしたいと思うようになりました。日本の支援する／される関係のなかで、ハグする文化はないですよね。身体接触って、倫理的な意味でもしないんですけど、でもどうしても、目の前にいるクライアントさんの、とくにチャイルドの部分が泣いていたりとか、不安だったりとかした場合に、「はい、ティッシュどうぞ」では済まないよなあってときがあります。

さっきもいいましたが、スキーマ療法の中には「治療的再養育法」といって、セラピストが養育的なかかわりをするっていう考え方があるんですね。ちょっと背中を撫でるとか、そういったかかわりをしてあげたいなって気持ちになったときに、「今私、あなたの中のチャイルドの背中をちょっと撫でたいんだけれども、いいですか？」と許可を得て、ほんの数分間ちょっと撫でさせてもらったりすることがあります。当たり前ですが、無言でやると、倫理的に問題が発生するので、ちゃんと許可を得ます。頻繁にするわけじゃないですけれども、でも「今それが必要だ」って思ったときは、そういったことはするようにしていますし、実際にやってみて、必要なんだなと感じました。ただ、クライアントとの境界線をまずしっかりつくることが大事だと思いますね。支援者がクライアントとどういう距離をとるのか、どういうふうに境界線を引くのか。そのうえで、越えるときはあるし、渡邊さんとそのカウンセラーの方の中にも、きっとそういうことが起きたんだろうなというふうに思います。

自分と対話できるようになった

――洋次郎さんは自分自身の生きづらさに対して、よくない対処をしてしまっていた過去の自分と、リカバリーした今とでは、なにが違うと思いますか？

渡邊　今は、自分の中に対話をする相手がいるみたいな感じです。刑務所を出てリカバリハウス[*3]に通いだしたころに、自分がまだ窓を拭いている最中なのに、職員の方がどんどんプログラムを回していこうとしたことがありました。そのとき、腹が立って、悔しくて河川敷を走って、わあって涙が出てきました。そこで、腹が立ったこと以上に、自分も頑張ってちゃんとやりたいとか、仲よく頑張りたかったっていう気持ちをないがしろにされたことで、「傷ついたんや」ってことに気づいた。自分が伝えたいのは、別に怒りでもなんでもなくて、ただつらかったっていう感情だった。で、もっというと、その感情は職員に伝えたかったっていうよりも、自分にちゃんと伝えてあげたかった。そんな些細なことでも、洋次郎にとってはつらかったっていうことを、自分にわかってほしかった。

今はそれと同じようなことを毎日毎日繰り返していて、そこで対話をする対象が自分の中に持てている。本当に生きるために、一緒に生きてくれてる自分がいる、そんな感じですね。

伊藤 回復してくると、「ヘルシーアダルトモード」さんとチャイルドさんが対話できる

＊3……アルコール依存症・薬物依存症・ギャンブル等依存症の人たちの回復支援施設。

対談3…………渡邉洋次郎×伊藤絵美

ようになる。「自分の気持ちなんか知らねえ」っていう、いただけない（非機能的）コーピングモード」とか「お前の気持ちなんかどうってことねえ」っていう「非機能的ペアレントモード」がいなくなって、傷ついたチャイルドが「傷ついたよ」っていってくれるし、怒ってるチャイルドが「怒ったよ」っていってくれる。いってくれれば、自分の中の「ヘルシーアダルトモード」さんも、「あー、そうだったのか」って、ちゃんとその間で対話ができるようになりますし、チャイルドもわかってもらえるとホッとしますよね。「やっとわかってもらった」とか、それこそ、「許してもらえた」みたいな。そうすると、「ハッピーなチャイルド」さんが出てくるようになる。先ほどのお話は、「チャイルドの洋次郎くん」と「アダルトの洋次郎さん」が一緒に生きていけてるような気がするっていうことですよね。

渡邊　今、聞いてて思ったのは、その、ええと「チャイルドの洋次郎」と、「ヘルシーアダルトモードの洋次郎」とが対話ができなかったときは、不適応的スキーマも、「不適応じゃない」って思っていたのかなぁと。

伊藤　そうそう、そうなんですよね。「不適応的」だとか、「いただけない（非機能的）コーピングモード」という言い方をするけど、生き延びるためには、不適応的スキーマが洋次郎さんを助けるために「頑張るしかない」っていう感じだったんだと思うんですよね。それはそれで、「あなたはそうやって生き延びてきたんだよね」って許したり認めたりしたうえで、じゃあ今どうするかっていうモードに切り替わっていったのかなと。

渡邊 そうですね。「チャイルドのモード」と「ヘルシーアダルトのモード」が、ちゃんと対話できて初めて、不適応的スキーマが自分にとって生きにくさになっているし、自分の中でもうバイバイしたいものに変わっていったんかなっていうふうに、自分では思います。

子どもの声を聞いていれば間違うことはない

渡邊 さっきもいったように、今は「子どもの自分」と「大人の自分」の二人ともが自分の中にあって、常に対話をしています。でも、どちらかというとぼくは、「子どもの自分」のほうがいつもの自分に近い。「大人の自分」は追いかけたいものとしてあるけども、それになることはないっていう感覚です。

伊藤 「チャイルドの洋次郎くん」がちゃんといてくれれば、絶対間違わないと思いますよ。チャイルドが「ぼく今寂しいんだ」とか「悲しいんだ」といえて、その声に耳を貸すことができれば、私たちは間違わないんですよね。それがどんなにつらい気持ちであっても、その気持ちをちゃんと受け止めることができれば間違わない。そこをつらすぎて見ないようにして、別のものを選んじゃうと、それは必死に生き延びるための反応ではあるんだけど、チャイルドの幸福につながらないっていう仕組みなんです。

渡邊 なんとなくわかる気がします。自分は今、刑務所を出て一二年ぐらい経っていて、お酒も薬も使っていなくて、自傷行為もぜんぜんしない。犯罪と言われることもしていない。それは、自分の中でチャイルドと「ヘルシーアダルトモード」がちゃんとやり取りをできて、自分がどうしたいかみたいなことを、自分の中で対話をしながらやってこられたことがすごい大事だったんだろうなって思います。

伊藤 基本、「チャイルド・ファースト」でいけば、「ヘルシーアダルトモード」は出てくると思うんです。

一方で、私もそうなんですけど、自分が弱っているときって、「ヘルシーアダルトモード」さんもすごい弱っちゃって、チャイルドをケアできなくなっちゃう。その場合、「ヘルシーアダルトモード」さんも他の人に支えられる必要がある。とくに、自分のまわりの人に、ですよね。それこそ渡邊さんだったら、自助グループの他の仲間だったり。まわりの人に支えてもらった自分のヘルシーさんが、チャイルドをケアする、みたいな。一人で子育てしようとしない、みたいなイメージで生きていくことも大事ですね。

弱さでつながり、弱さに応える

渡邊 子どものころの自分は、どうにかして生き抜くことを優先した結果、悪魔みたいな方向で生きることを選んでしまいました。そうしないと、「うれしい」とか「寂しい」って感じてしまう「ふにゃふにゃ」の自分が出てきてしまって、生きられへん。本当は「ふにゃふにゃ」の自分で生きたかったけど、生き抜くためにはそれは「ないこと」にせなあかんって思って。「ふにゃふにゃ」と向き合うには、自分はちょっと非力やったというか。本当は、そういう等身大の自分とか、素の自分とかを、もっと許容できたらよかった。こういう状態を、スキーマ療法では「いただけない」対処をしている状態だと理解できるのだと、今日伊藤さんとお話ししてわかりました。

生きづらい社会を変えるためには、誰かが「ヘルシーなアダルト」の代わりをし続けるんじゃなく、誰もが自分の中の「ハッピーなチャイルド」を持って、チャイルドと対話をしつつ生きられる力を、人とのかかわりを通して育てていくことが大事なのかなって思います。

伊藤 ほんとそうですよね。自分一人でチャイルドと対話するとか、カウンセリングのなかだけで信頼関係を築くよりも、社会自体がそうならないといけないですよね。弱さをお互いにケアするようなかかわりがいっぱいある社会であれば、私たちは生きていけるんじゃないかと思います。

スキーマ療法は回復に時間がかかると言われているけれど、小さいときにいっぱい傷ついて、それをこじらせながら大人になってしまうから時間がかかるんです。そもそも子どものときにスキーマがつくられるのを阻止しちゃえば、そんな生きづらい大人はたくさん生まれない。子どもに対して、私たち大人が傷つけるんじゃなくて、「ヘルシーアダルト」としてかかわってあげられるようになればいいなあ、なんて思ってます。

渡邊　ここからはぼくの考えですけど、失敗や犯罪も、その裏側にある弱さが認められる社会じゃないと、本人も認めようがないと思う。弱さが先に認めてもらえないような、「失敗しました」といえないような状態では、嘘をつくしかない。失敗するような自分の弱さを受け入れてもらえると思っている人は、自分のずるさとかミスとかをちゃんと認めて、「やっていけます」っていえるようになる。

逆に、非を認められない人たちが多いのは、その人たちが過ちを犯してしまうような弱さを、社会がまず受け入れていないということなのかなあと思います。だったら、そういう社会の状態がまず緩まっていかないと。依存症の人に限らず、この社会にはそういう窮屈さはあるのかなと思う。

――弱さや生きづらさを語ることで、社会が変わっていくということでしょうか。

伊藤　たぶん、その答えの一つが洋次郎さんの本だと思うんです。洋次郎さんが生きづらさを語って共有することで、人と人がつながれる。つながれると、そこで安心して、また生きづらさを語ることができる。「この本を書いてくれてありがとう」で終わりじゃなくて、これに応答していく。もっといえば、弱さでつながる、弱さに応える、そこに価値を見出していくことが大事だと思うんですよね。

■この対談は、二〇二二年七月二〇日に行われたトークイベントを加除・修正したものです。

どんな自分でも「ここにいていい」と思える場所を「みんな」でつくる

対談4……渡邊洋次郎×小国喜弘

障害／健常に分けることの違和感

小国　私は教育史の研究者なんですが、障害児教育のことには恥ずかしながら関心を持たずにきました。

ところが、大阪市住吉区にある大空小学校[*1]をたまたま訪れたことで、障害のある・なしにかかわらず、一緒に学ぶことの素晴らしさ——逆にいうと、通常の公立学校が障害児とされる子どもたちを事実上排除してきた事実——に気づかされました。それをきっかけに、障害児教育の歴史を批判的に捉えたり、いろんな子どもたちが一緒に学ぶ方法について、先生たちと考えたりする活動を始めました。

＊1……大阪市立大空小学校。大阪市住吉区にある公立小学校。二〇二二年度の児童数・約二二〇人のうち、特別支援の対象となる数は三〇人を超えていたが（通常学級数六・特別支援学級数七）、すべての子どもたちが同じ教室で学ぶ。教職員は通常のルールに沿って加配されているが、地域の住民や学生のボランティアだけでなく、保護者らの支援も積極的に受け入れた「地域に開かれた学校」として、多くの大人たちで見守れる体制をつくっている。学校の理念は「すべての子供の学習権を保障する学校をつくる」であり、不登校はゼロ。（映画『みんなの学校』ＨＰより）

――大空小学校は住吉区……ということは、洋次郎さんのお勤め先（いちご長居）のお近くですね。

小国　「いちご長居」から大空小学校まで、歩いてだいたい一〇分くらいですよね。

渡邊　そうなんです。ぼくは大空小学校の中に入ったことがないのですが、どんな教育をしているのかにはすごい興味があります。

小国さんに大空小学校についてお聞きする前に、ぼくが最近思ってることを共有したくて。それは、「障害者」と「健常者」っていう分け方がすごい雑なんやないかってことです。

たとえば、ぼくは夜は自助グループに行くから、残業もせずにサッと帰っていく。でも、依存症じゃないスタッフは遅くまで残業せなあかんこともある。「障害者に分けられた側」はそういうときに配慮してもらえるけど、「健常者に分けられた側」はぜんぶやりこなせることになってる。

ほかにも、健常者側のスタッフに「パソコンも入職したてはまったくできへんかったけど、やらなあかんから無理くり覚えたんや」「仕事外でも練習してやれるようになったんや」って言われたこともあって、そうかと思いました。障害があるかどうかと、実際の得意・不得意は違うし、根気強くやればできるかどうかとか、無理したらストレスがかかってしんどくなるかどうかも、みんなそれぞれ違うと思っています。障害／健常という分け方だと、そこの凸凹感みたいなのが、ちょっと見えにくくなる気がしてます。

小国　まさにそうだと思います。大空小学校では、「障害」とか「障害児」っていう言葉は使いません。誰が「しんどい子」になるかは、時と場合によって違うと考えています。複雑な家庭環境でしんどい子、知的障害があってしんどい子もいれば、経済的に豊かで親の愛情を日頃はたっぷり受けているような子であっても、「今日はしんどい」っていうことはあります。子ども一人ひとりにいろんなしんどさがあって、それは、そのときどきで違います。

こくに・よしひろ……………一九六六年兵庫県生まれ。早稲田大学教授等を経て、東京大学大学院教育学研究科教授。同研究科付属バリアフリー教育開発研究センター長。著書に『障害児の共生教育運動——養護学校義務化反対をめぐる教育思想』（東京大学出版会、編著）、『戦後教育史』（中公新書）等がある。

大空小学校を開校当時から一〇年近く支えた木村泰子・元校長は、しんどい子がいやすい環境を、みんなでつくることが、学校でできる一番大事な学びだと捉えていました。ところが、今多くの学校では、授業中に立ち歩く子がいると「もしかしたら発達障害かもしれませんよ」という話になってしまいます。

「しんどい子」を「みんな」で見守る学校

――「しんどい子がいやすい環境を、みんなでつくる」といったときの「みんな」の中には、どんな人が入っているんでしょうか？

小国　まず、子どもたち全員です。それからすべての教職員。大空小学校では「教職員」という言い方にこだわっています。多くの学校では、教員ではない職員（事務員や給食の調理員）は、子どもの教育にはかかわらないという不文律ができてしまっているんですが、教員が気づかないことに職員が気づくことができる可能性もある。そもそも、いろんな人がいろんな角度から子どもを見たほうがいいですよね。だから「全教職員」。

それから、地域の人たち。そして保護者。地域の人たちや保護者のことは「サポーター」と呼んでいます。自分の子どもだけではなくて、地域の大人として、地域の宝である子どもたちを支えたり、子どもたちと一緒に育ち学んでいく役割として再定義しています。

渡邊　「みんな」っていうのがすごくいいですね。さっきの職場の話でいえば、今日は障害を持っている人はめちゃくちゃハッピーで楽やけど、健常とされる人のほうがしんどいっていう日もあるってことですよね。

でも実際には、「健常に分けられた人」は「いつも完璧にやらなあかん」「しんどいことも我慢してやる」と思わされてて、障害を持った自分たちは「しんどいんやったら我慢しなくていい」みたいな空気になってしまってる。でも健常の人たちだって配慮してもらえないなかで、すごいしんどいわけじゃないですか。

小国　学校の仕組みそのものによってうまれる生きづらさは、全体的にいえばすごく増えています。不登校もいじめの件数も増えていて、教師の精神疾患での休職率もかなり高いです。子どもにとっても教師にとっても非常に生きづらい場なのに、その生きづらさはそのままになっている。そして、分けられた人は別の部屋に収容される……。「分けることは当たり前のこと」と学校で教えてしまっていることそのものの問題があると思います。

渡邊 障害／健常にかかわらず「しんどいねん」っていったら、「今日はゆっくりしたら」という対応ができたり、逆に「自分は今日ちょっと頑張れそうやから頑張るわ」っていうこともあっていいですよね。

一緒にいることを「効果」で語ってはいけない

――大空小学校のように、障害のある子とない子とを分けずに、一緒に学ぶことの意味ってなんでしょうか。

小国 意味があるかどうかで語ってはいけないんじゃないでしょうか。文部科学省は「交流学習」[*2]という言葉で、「障害児と健常児が交流することに効果がある」というような言い方をするんですけど、私は効果の問題じゃないと思います。そもそも地域

郵 便 は が き

お手数ですが
切手をお貼り
ください。

１０２－００７２
東京都千代田区飯田橋３－２－５
㈱ 現 代 書 館
「読者通信」係 行

ご購入ありがとうございました。この「読者通信」は
今後の刊行計画の参考とさせていただきたく存じます。

ご購入書店・Web サイト	書店	都道府県	市区町村
お名前《ふりがな》			
〒 ご住所			
ＴＥＬ			
Ｅメールアドレス			
ご購読の新聞・雑誌等			特になし
よくご覧になる Web サイト			特になし

上記をすべてご記入いただいた読者の方に、毎月抽選で
５名の方に図書券５００円分をプレゼントいたします。

お買い上げいただいた書籍のタイトル

本書のご感想及び、今後お読みになりたいテーマがありましたらお書きください。

本書をお買い上げになった動機（複数回答可）

1. 新聞・雑誌広告（　　　　　　　　　）　2. 書評（　　　　　　　　）
3. 人に勧められて　4. ＳＮＳ　5. 小社ＨＰ　6. 小社ＤＭ
7. 実物を書店で見て　8. テーマに興味　9. 著者に興味
10. タイトルに興味　11. 資料として
12. その他（　　　　　　　　　　　　　　　　　　　　　　　）

ご記入いただいたご感想は「読者のご意見」として、新聞等の広告媒体や小社Twitter 等に匿名でご紹介させていただく場合がございます。
※不可の場合のみ「いいえ」に○を付けてください。　　　いいえ

小社書籍のご注文について（本を新たにご注文される場合のみ）

●下記の電話や FAX、小社 HP でご注文を承ります。なお、お近くの書店でも取り寄せることが可能です。

TEL：03-3221-1321　FAX：03-3262-5906
http://www.gendaishokan.co.jp/

ご協力ありがとうございました。

なお、ご記入いただいたデータは小社からのご案内やプレゼントをお送りする以外には絶対に使用いたしません。

にはいろんな人が住んでいて、いろんな人たちが一緒に社会をつくっていくのが当たり前のはずで、その原体験をするのが地域の公立学校です。意味があるかどうかではなく、それが当たり前だっていうところから出発する必要があります。

渡邊 ぼくは、障害を持った人が普通学校に行っていると、「学びのための材料」みたいにされるんじゃないかって思ってたんですが、そもそも実際の社会ではそうやって混ざり合って生きていくのが当たり前なわけですよね。その練習、スタートがもう大空小学校にはあるのかなって思いました。

自分も学生さんたちに依存症になった背景を話したりすると、学生さんが自分との共通項を見つけてくれたりします。そうすると、「依存症の人も同じ町に暮らしている人なんやなー」ってわかる。それがわかったら、別に依存症の人たちは刑務所とか精神科病院に排除されるべき人たちじゃなくて、同じ町に暮らす人たちなんやなと思うようになります。そういう当たり前のかかわりが必要ですよね。

＊2……特別支援学校・学級の子どもが、週に何時間かだけ、普通学級の子どもと同じ時間を過ごすこと。

何度でも、無条件で「やり直し」ができる環境

渡邊　学校の中でうまくやっていくことは、自分にとっては「強くなりなさい」とか「できるようになりなさい」って言われてるようなものでした。窮屈さや不自由さがあったので、そこで生き抜くために自分なりの方法を探して……まあそれが、まわりから見れば「よくないこと」やったんですけど。

でも、そこで、ずるいことや悪いことをしてしまう弱い自分を受け入れてくれる状況がないと、隠してしまう。悪いことをするに至った本来の自分っていうのをみんなが受け入れ合えると、「ミスしたけどもう一回やります」「ごめんなさい」みたいなことが、いいやすくなるのかなと思います。

小国　「本当はどうしたかったのか」に着目して、何度でも安心してやり直せる空間が必要ですよね。

じつは、大空小学校には「やり直し」というカルチャーがあります。人間は間違うものだということを前提にして、「なぜ間違いをしてしまったのか」ではなく、「本当は自分はなにがしたかったのか」を振り返ることを大切にしています。子ども同

士が喧嘩しても、お互いに、本当はなにがしたかったのかを丁寧に振り返ると、じつは仲よくなりたかっただけなんだと気づいたりする。そういうときに、教員が「じゃあもう一度、なにがしたかったのかに基づいて行動してみたら」と促す。このプロセスをとても大切にしていました。

私が見学に行ったときに、世間的には問題児とされてしまうような、「やり直し」をいっぱいしている子がいました。その子が私を「やり直しをする部屋」(校長室)に案内してくれて、「自分はここが好きなんだ」「(ここにくると)新しく生き直せるから」と教えてくれたことが印象的でした。

渡邊さんは、小学校で問題とされる行動をしてしまったときに、その背後にある生きづらさの叫びに寄り添ってくれる大人がいましたか?

渡邊　うーん、いませんでしたね。そもそも、自分で自分のことがもうわからへん子どもやったんですよね。わからへんから、自分でも勉強しないのが好きとか、忘れ物したり不潔なことをしているのが好きと思ってて。なんでそういうことするのか、その背景を見ていた人はいたかもしれないけど、介入してきた人はいなかったですね。

小国　私は、気にかけてくれる大人が本当は必要なんじゃないかって思うんです。大空小学校には地域の「おじいちゃん」「おばあちゃん」みたいな人も参加しています。そういう人たちは学校との利害関係もないし、気楽な部分もあるので、たとえば気になる子がいたときに、「あんた騒いどったけど、どうしたん?」みたいな声かけができる。

「しんどい子」たちが、卒業してだいぶ経ってから大空小学校でボランティアを始めたりすることがあります。その子たちの経験を聞いていると、やっぱりいろんな大人が見守ってくれていたことに居心地のよさを感じてたのかなって思います。

渡邊さんは、そういう関係性を自助グループでつくっていったんでしょうか。

渡邊　そうですね。ぼくが自助グループですごい大事やったと思うのは、条件づけをしない関係性があることでした。精神科病院や刑務所にいたことがあっても、ホームレスをしていても、生活保護を受けていても、そんなことはなんの関係もなく人間関係がつくれる。自助グループは、民族や宗教も超えて、「お酒をやめたい」という願望のみで世界の一〇〇カ国近くの人々が一つになれる集まりなんですよ。だから黒人と日本人の自分でも分かち合いができる。

「お酒やめたい」っていってるのに飲みながらミーティングにきても、この人にはやめたい願望があるんだとみんなは感じ取ってくれる。口では「飲んで死んだるわ」っていっていても、その足がミーティングに向かっているならば、仲間は受け入れてくれる。勉強ができる、仕事ができる、これをクリアした、とかって関係性じゃないんです。

たとえば、病院に行けば、医者と患者という関係ができるじゃないですか。でも、患者でなくなればその関係は続かない。役割があるとか、金銭が発生するとかっていう関係性の前に、どこの誰でもない自分がここにいていいんや、自分に関心を持ってくれる人がちゃんといるんや、って思える場所があることが、大事やったと思ってます。

どんな自分でも「ここにいていい」と思える空間が必要

小国　同じ目的を持っている仲間がいる安心感や連帯感のなかで、渡邊さんの根っこにある弱さを素で認め合えるような関係が、自助グループで成立したっていうことなんでしょうね。

渡邊　ちっちゃい赤ちゃんは、ところかまわず泣き叫んだり、わあーって暴れたり、悪さしても、親が見てくれるじゃないですか。どんな自分でも愛されるっていう、人への信頼感の土台はそこからうまれると思っていて。

自分は子どものころ、親に寂しいっていったら、親が困ってしまって。で、寂しいという感情を否認していった。寂しいって感じる感受性を持った自分は受け入れてもらえない、この世のどこにも居場所がないっていうふうに思って、だから寂しい気持ちを隠そう隠そうとして。そういうふうに感じる感受性のない自分になれば、生き残れるわけじゃないですか。

でも自助グループは、飲んで行こうと、大暴れしようと、わけわからんこといっていようと、過去の経歴がいろいろとあろうと、いられる場所やったんで。そういうふうに感じてしまう自分という人間を受け入れてもらえる、ここにいていいんやって思えるところからスタートすることが大事だと思います。

小国　たとえ母親が認めてくれなくても、「自分はこれでいいんだな」って思い直せるような体験が学校でできなきゃいけない。実際にはそれと真逆のことが起きているんですよね。一九七〇年代ぐらいまでは路地裏の文化があって、地域の多様な大人たちと日常的にかかわる環境があったわけですが、近所の関係も崩壊してしまったし、知らない大人が子どもに声をかけたら不審者にされてしまう時代です。

でも、学校が大人たちと安全に出会える場になれば、そのあとで地域で出会い直しても、挨拶ができるような関係が成立しますよね。本来は学校がそういう多様な価値感を持った場になっていなければいけない。

そもそも、日本の学校は戦前には強い兵隊をつくることが中心になっていて、障害児教育の中心はそこから外れた「健康不良児」だった。そして戦後の「養護学校」(現在の特別支援学校)と「養護教諭」の「養護」とは、健康をチェックして強い体をつくる、もしくは強い体に改善する必要がある子どもは、障害のカテゴリーをつくってそこに入れていくことを意味していたわけですよね。

戦後は機械労働が中心になったから、そこに適応できない知的障害がクローズアップされた。今は第三次産業が中心になったから、コミュニケーションができるかできないかにスポットが当たっている。やっぱり社会が排除的になればなるほど、学校も入れ子のように排除的な空間をつくっていくと思います。だから、学校の改革も、そういった社会との関係を意識しないと難しいと思います。

ちなみに、大空小学校の改革は橋本徹府政下（二〇〇八～二〇一一年）、橋本徹市政下（二〇一一～二〇一五年）で行われています。首長の主導で新自由主義施策が展開し、自己責任論による個々人の分断が促進された時代に、大空小学校では、教員たちが地域住民を巻き込むことで、学校というコミュニティにおける人と人とのつながりを重層的なものに変えていったわけです。そういう意味でも、可能性を感じますよね。

他人が決めたルールではなく、自分で考えて生きていくことが重要

——ありのままの存在を認められる、子どもが素直にいられる学校をつくることを阻んでいるものはなんでしょう。

渡邊　学校だと校則とか、いろんな決まりごとがあるじゃないですか。子どもたちにとって、規則があってやらされてんのか、自分でやってんのか、主体性があるかないかでぜんぜん違うと思うんですよ。あとはさっき話したみたいに、まず自分自身をちゃんと受け入れてもらうことですよね。自分を受け入れてもらった人は、主体的に自分のこととしてやっていけるし、やったことの責任も取れるようになる。でも学

校が無理やりさせると、本当にそれをしたくてしているのかどうかわからないままやることになる。やらされているなかで、「変われ」って言われたときに、本人の中でどんどん募っていくのは、被害的な感情ですよね。だから、一人ひとりにルールがあっていいかなっていう。

小国 そうですよね。

渡邊 今の学校の厳しいルールの中で、ちゃんと自分を持って、自分で考えて、自分がどうしたいのか、判断力をつけていく人もいるかもしれんけど、自分でその状態にいけない人もいると思うので。別に、精神科病院とか刑務所とか少年院に一生いるんやったらいいんですよ。ただ、自由な社会に出ていったときに、ぜんぜんその力が育っていないと本人がつらい思いをする。

小国 本当は、渡邊さんがおっしゃったようなことが、日本国憲法二六条で保障されなくてはいけないはずだと思います。戦後一九四七年以降の学校教育は、「教育を受ける権利」に基づいて、人権概念から構成された公教育のはずなので。

でも、実際は経済成長に欠かせない工場労働者をどうつくるのかというところからスタートした。ベルトコンベヤー式の工場の中で、決められた時間にきて、決められたとおりに行動できる人間をいかにつくるかが重要になってしまった。みんなが協調しなきゃいけない、そのための規範を道徳で教えるために、一九五〇年代半ば以降には道徳教育の復活がいわれるようになりました。じつは必ずしも愛国心の問題からだけではないんですね。

最近は、「学校スタンダード」や「授業スタンダード」といった「〇〇スタンダード」[*3]という考え方が、学力を上げるためと、規律を守らせるために流行しています。そういった標準型に教師も自分の授業のあり方を当てはめなきゃいけない。子どもたちもそこに合わせるしかない。渡邊さんがおっしゃるような「自分で考えて生きる」っていうことからますます遠ざかってしまっているのが現状です。

また大空小学校の話で恐縮なんですけど、校則を一切なくしたんですね。校則のせいで行きたくないと思う子どもが一人でもいるのであれば、そんな校則はいらないという考えからです。だから廊下を走ってもいい。

ただ一つだけ、自分の嫌なことは他人にしないっていう約束をつくったんですね。私は、「なんで「人の嫌なことをしない」っていう約束にしないのかな」って最初は思ったんです。でも、人は多様だから、相手が嫌なことなんてわかるはずがない、だけど自分が嫌なことはわかるだろう、と説明されて納得しました。ただ、そうすると、「自分にとっては嫌じゃないことだからやっていい」という子も出てくるので、そこは教師が、自分の嫌なことと、相手の嫌なことを置き換えて考えられるように促しているそうです。まさにここに、他者の人権を尊重するという人権感覚がうまれる学びがあるわけです。考えられるようになるためのルールがあるんですよね。

渡邊 大空小学校には、渡邊さんがおっしゃるような、自分で

さっきもいったように、自助グループには「飲まないで生きたい」っていう願望を持っているかどうか以外に、ルールがないんですよ。運営の仕方になんの決まりもないのに、たとえば世界大会をしたら、一〇〇カ国近くから何万もの人がお金も時間も費やして集まってきて、ミーティングが終わったらサッと帰っていく。でも別

＊3……授業スタンダードとは、多くは授業の流れや授業づくりにかかわる基本的なことがらを簡潔に示したもの。学校スタンダードは、児童生徒の授業中のふるまい、目指す児童生徒像などを示したもので、「〇〇小学校スタンダード」のように各学校で作られている。教員の人員・スキル不足や、四〇人学級の負担減のねらいなどを背景に広がったと言われている。

になにか責任があってそこに行くわけでもなければ、行くことでお金をもらえるわけでもない。ただ、いつどこで死んでもおかしくないような人生を生きてきた自分が、ミーティングとつながってから、これまでミーティングに参加してきたおかげで、こんだけ飲まずに生きられた。

でも、それで嬉しいなあと自分が純粋に思ってるものは、みんながタダでつくってくれたものでもあるんですよね。それを手に入れてない人たちがたくさんいる。なんでもないこんな自分が、ミーティングをやってくれていた人のおかげで、それを得た。だったら、それをちゃんと返していこうねっていう想いなんですよね。その想いだけでみんなが集まってきてる。そこでもし自分が決まりによって大事にされても、「決まりに則って大事にしてくれてんやな」って思うだけ。でも、ルールがないと、その人が自分の良心に基づいて、それをしないってことを選んでるんやなあっていうところで信頼感がうまれる。

自助グループの共同体は、条件づけしない関係性がすごい根づいていることで、人間不信で何回も何回も失敗してきたような人間でも、「再びやってみたいな」と思う気持ちになるまで待ってくれる。

小国　なるほど。学校教育では、その子が本当にしたいのか、したくないのか、ではなく、しなきゃいけないことなのか、しちゃいけないことなのかっていうことしか問われないですもんね。渡邊さんのいうような「相互の掛け値のない信頼」みたいなものに基づいて、クラスがつくられるっていうのは稀です。

北海道旭川市に平田カズキさんという自閉症の方がいます。平田さんは、一年間だけ地域の幼稚園でいろんな子どもたちと過ごした経験が忘れられず、小学校も地域の小学校に行ったのですが、普通学級には入れてもらえず、特別支援学級で六年間過ごしました。ですが、中学校では校長の「やってみましょう」の一言をきっかけに、普通学級に入ります。そこで担任教員が「カズキも同じ生徒」として接することで、それまでとまったく違う時間を過ごすことになりました。特別支援教育の考えを身につけた教員であれば、「障害児なんだからみんなで大切にしてあげなさいね」といいそうなものですよね。でも、その担任は「カズキはどんなに偉い人や怖い先生の前でも態度を変えたり媚びたりしない。なかなかできないことだ！」と、尊敬を込めてみんなに話す。今までは、「困ったやつだ」とみなされてきたカズキさんも、クラスの中で「おもしろい、楽しい、スゴイやつ」に変換されていったんですね。

そうすると、カズキさんだけでなくほかの同級生のいいところやおもしろいところにもみんなが気づくようになっていって、助けたり助けられたりみたいなことが当たり前の関係になっていく。たとえば授業なんかでわからないことがあっても、友だち同士で自然に教え合ったりするようになる。教員が、カズキさんを弱者と見なすのではなく、一人の人間として尊敬するべき、学ぶべき相手として接したということが重要です。そういう取り組みをしたときには、さっき渡邊さんがおっしゃったような、人と人とが弱さをあからさまにしながらも、つながり合えるっていうような空間が結果的につくられていくんだと思います。

ちょっと集団にそぐわないような行動を取っただけで特別支援学級に入級させようとするような今の学校では、いい子のふりをしないといけない。本当の自分を出すこと自体を忌避しなくてはいけない空間になってしまう。ですが、カズキさんがいたことで、一人ひとりが大切なんだという空間ができあがったんだろうなと思います。

子どもの意思がなぜないがしろにされてしまうのか

——子どもの意思や自分らしさを自由に解放できる場所じゃないと、なかなか主体性もうまれない、というお話がここまでされてきたと思います。子どもの権利条約では意見表明権が定められているのに、どうして学校では子どもの意思が大事にされないのでしょう。

小国 子どもの権利条約第一二条の「意見表明権」では、意見を聞き取る大人の存在が前提とされています（聴取される機会の確保）。意見を表明するだけではなく、それをきちんと聞き取ることができる大人の存在が必要なんです。でも、それを踏まえた環境が今の学校には備わっていないですよね。

それから、やはり安倍政権の問題が非常に大きかったと思います。第二次安倍政権のさなか、教育再生実行会議や地方教育行政の制度改革によって、これまで独立していた教育委員会への自治体の長による政治介入が始まりました。さらには教員にも人事評価制度が導入され、成果主義や目標の数値化が行なわれるようになっていった。教員たちがそれぞれの教育哲学をつくり上げていくというよりは、みんなが魂を少しずつ売り渡さざるを得ないみたいな状況になってしまっています。たとえば、知事が学力テストの点数を上げるよう要求してきたとすれば、成果を上げざるを得ない。現場の教員は過重労働のなかで対処しきれず、特別支援学級にいわゆる「学力の低い子」を送ってしまう。そういうことだって起きていると思います。

――構造的に学校や教員一人ひとりの裁量が中抜きにされることで、子どもが主役の学校ではなくなってしまっているという現実があるということですよね。

小国　そういうなかで、渡邊さんが発するメッセージというのは、本当に重要だと思います。私は東京大学で教えているんですが、学生のなかには、失敗したら人生が終わってしまうんじゃないかという恐怖心に駆られている人が意外に多い気がするんですね。おそらく、大学に入るまでは勉強ができるために、褒められたりとか、居場所ができたりという側面があった。でも、自分自身は本当になにがしたいのかが問われたときに、あまり考えてこなかった自分、もしくはうまく考えられない自分がいる。

渡邊さんは、何度失敗しても、弱さと向き合いながら、自分の人生を主体的に生きていくために、規範に縛られた学校や社会の中では出会えないような他者と出会おうとしていますよね。私にはそれがすごく伝わってきて、学生にもそういうメッセージが必要だと思って、大学でのゲストスピーカーをお願いしました。私自身も強がらず、怖がらずにたくさんの失敗から学び直して、生身で生きていかなきゃいけないなあと思っています。

今日のトークでおもしろいなと思ったのは、自助グループの話を伺っていると、本来のあるべき学校像とすごく近いものがあることでした。その点が新しい発見で、とても大きな学びになりました。ありがとうございました。

■この対談は二〇二二年二月九日に収録されたものです。

回復とスピリチュアルケア
——大いなるものを信じる

対談5……………渡邊洋次郎×高木慶子

――高木さんはグリーフケアという言葉を日本に根づかせた方です。JR西日本脱線事故や東日本大震災など、大変な経験をした人々の悲しみに長年寄り添ってこられました。今日はよろしくお願いします。

高木　私は三六年前からグリーフケア、それからターミナルケアに協力しておりまして、その後は上智大学にグリーフケア研究所を立ち上げ、日本スピリチュアルケア学会の立ち上げにも携わりました。今は上智大学グリーフケア研究所の名誉所長をしております。どちらかといえば、私は学者っていうよりも、死別の現場でケアをする者としてずっと働いております。カトリックの修道会の修道女でございます。

「スピリチュアリティ」とはなにか

――高木さんは洋次郎さんのご著書をお読みになっていかがでしたか。

高木　渡邊さんが自分の強いところも汚いところもそのまま、ご自分の言葉で書かれていることに、私はすごく興味を持ちました。

「スピリチュアリティ」という言葉は、本来は宗教用語です。キリスト教の宗教用語で、日本語には訳せない言葉っていうのでしょうか。日本語にすると霊性とか、魂とか、霊魂という言葉になりますから、宗教的な匂いがあって、日本ではあまり使われません。

多くの方は頭でこの言葉を考えて、あれこれおっしゃいますけど、私はそれでは「軽い」と思うんですね。まさしく渡邊さんが体験なさっていることそのものが、スピリチュアリティだと思います。渡邊さんはアルコールや薬から抜け出したいと思ったけれど、これは人間の力だけではできないんですよね。スピリチュアリティとはなにかといいますとね、人間の力ではどうしようもないっていう実感ですよ。自分の存在の無能さ、自分の限界に出会って、初めて「大いなるもの」、サムシンググレートというものが出てくるんですね。その体験をスピリチュアリティの働きというんですよ。人間はそこまでいかないと、本当の人間っていうものがわからない。自分自身の無能さに出会って初めて、私たちはサムシンググレートっていう、なにかしら人間知を超える力、大いなるものの力を借りていくことができるんです。そのときに私たちにその手助けをしてくださる根本的な存在がサムシンググレートだと思うんです。その謙虚さがないうちは、「スピリチュアルケア」なんていう言葉をお使いにならないで！　と申し上げたいんです。サムシンググレートは私たちには見えません。神や仏は、人を通して人を支え、励ましながら、私たちを助けてくださいます。ですから、何かまじないのようなものではないです。

そして、スピリチュアルケアというのは、そのことを人に気づかせるものです。人間は自分の力ではどうにもならない。だから、人に「助けてください」という。根本的な私たちの叫びなしに、スピリチュアルケアなんていうのは甘いと思います。

——洋次郎さんはご自身の回復の過程と重ねていかがですか。

たかき・よしこ……熊本県生まれ。聖心女子大学文学部心理学科卒業。上智大学神学部修士課程修了。博士（宗教文化）。現在、上智大学グリーフケア研究所名誉所長。

渡邊　ぼくはとことんまで自分でやろうとしたけど、自分の力だけではどうしようもなかった。自分を殺したい、死んでしまえと思って自傷行為をしていたけど、でもそれでも生きようとするものが自分の中にあるって感じたときに、自分の意思だけで生きてるわけないんやと思った。その力を感じたなかで、自分という人間がどこに向かって生きているのか、その方角みたいなものを、薄っすらと感じることができました。それまでの自分は、勝つか負けるかっていう、目に見えたものがすべての世界に生きてたけど、それを越えたものがあるんやって感じることができた。だから、明日死ぬかもしれへんし、どうなるかわかれへんけども、「それでも生きるんや」って、なんか思えた。期限がある命を生きているけども、それでいいんやと思って生きている感じみたいな。

ぼくはいま依存症の回復施設で働いてるんですけど、ある利用者さんが、「町の中に居場所がなくて、会う人もいなくて、ここにくる前日は、道をひたすら歩いていた」っていったんですよ。ぼくが思うに、その人の肉体は町の中にあったけど、でもそこで生きてるって感じるものがぜんぜんないまま生きていれば、それはそこにいるっていえない気がするんですね。身体があって、そして感じられるものがうまれたときに、本当にそこにいるんやって思える自分になるんかなって。それが人が生きていくときに本当に重要な要素なんかなと思ってます。

高木　私には渡邊さんがおっしゃったことがすごくよくわかります。私たち人間は目に見える、要するに五感で触れられる世界に生きているんですね。その世界ではもう生ききれなくなったというのが渡邊さんの体験なんですね。で、その生ききれないままで、街をうろうろしてる人がいるわけですよ。身体だけはこの世界にあって、でもその人の中身はそこにはいないんだというお話だったと思います。

私たちは五感で触れられる世界だけでなく、もう一つの違う世界を持っているんじゃないかと思うんです。要するに、スピリチュアリティ――心というんでしょうか、良心っていうんでしょうか、魂っていうんでしょうか、命っていうんでしょうか――そういうものと、この身体が一つにならない限り、私たちは本当の人間にはなれないんじゃないだろうか。あるいは、心だけで生きていこうとしても、行き詰まってしまう。その行き詰まってしまったときにこそ、私たちは本当に自分を生かしている命というものとの出会いがある。もう一つの次元と、この身体をもっている次元が一つになったときにこそ、本当の私になる。人間になる。

自分が神様になってはいけない

渡邊　自助グループに行ってて、仲間とかと喋ってて、「なんでぼくたちには神様が必要なのかわかりますか？」って言われたことがあって。「なんで」って聞いたら、「自分が神様にならないためや」って言われたんですよ。[*1]

そう言われると、今の日本の人たちは自分たちが神様の位置にいるんやと思うんですよ。人間が最上級に存在している世界に生きているから、負けることは死ぬことになる。でも、自分の中に信仰とか神様を持っていることで、負けることが勝つことになると思うんですよ。人って、一〇〇年もしないうちに死ぬじゃないですか。それくらいしか生きないのに、自分たちだけを信じてたら、もうとんでもないことになると思ってて。

だから、別に具体的などこかの神様じゃなくてもいいから、とにかく「自分を超えたなにか」があるって信じて生きるほうが、土台がしっかりすると思う。とにかく自分を脇に置いてでも優先したいなにかをちゃんと持って生きていくこと。で、自分にとってはそれが刑務所で感じた生きようとする命だった。[*2] 命を生かしてる「なにか大きな力」を信じられるようになったし、自分の信を置く場所を持った。

自分という人間を、なにか大きな力の上にポンと乗せて生きるような感覚。そのときに、自分の信をしっかり広くて深くて、大きなものに置くことができればできるだけ、自分っていう人間は不確かで曖昧で、どうしようもない自分やけどもそれでも生きていける。生きていくうえでの拠り所になるものを持つようになったっていうことだと思います。

＊1……アルコール依存症者が回復のために参加する自助グループであるアルコホーリクス・アノニマス（ＡＡ）は宗教ではないが、共通テキストである『ビッグブック』には、（ＡＡは）「神や超越した者の感覚を主張するという意味においてのみ宗教的なプログラムである」とあり、また、自分の意志を超えた「ハイヤーパワー」に完全に自らを委ねることなども書かれている。

＊2……「生まれて初めて、殺されるかもしれないという恐怖を覚えました。死はいつも、ここにある。死を通して、何もかもが変わり果て、失われていくことを考えると、泣き叫びたいくらい、怖くて怖くて堪らなかった。胸の奥がぐちゃぐちゃに掻きむしられるほどの恐怖のなか、それでも、生きるしかない。（中略）それでも自分に許されているのは、目の前にある現実を受け入れるだけ。（中略）結局は、受け入れて、生きていく他ない。
（中略）そのとき、生まれて初めて、腹が決まりました。死を前に私は生きるんだ。死がいつもここにあるからこそ、私は生きるんだ。死が怖くて堪らないから、その日が来たとき、少しでも自分が苦しまないでいられるために必死で生きるんだ。私のなかで生きる覚悟が定まった瞬間でした」（『下手くそやけどなんとか生きてるねん。』七五―七六頁）

対談5…………渡邊洋次郎×高木慶子

高木　それはね、やはりあなたが本当に苦しんで苦しんで、もがいてもがいてもがいたあとに得た「恵《めぐみ》」だろうと思うんですよね。

あなたがアルコールや薬で、自分の身体を痛めて、そしてその身体から本当の真なる自分になっていくときに、自分が神様である限り、どうしてもそこから抜け出せないんですよね。自分が神様ということは、自分に自信があって、なんでも自分でやろうとすることとです。でもそこに、神様が——それが人間の形として現れるか、あなたの心に語りかけるかわからないけれども——いろんな方法で、あなたにはできなかったことを、呼びかけてくださるわけでしょ。その体験はすごいことだと思います。

ですからね、わたくしが神である限りにおいて、神はいらっしゃらないんですよ。自分が神にすがりたい、自分は無能で、ぼくは私はできませんと思ったときに初めて神や仏の存在が必要になってくるんですよね。そこまでいかない限り、スピリチュアリティという言葉は使えないと思うんですね。

私はときどき、「ああ、この方はご自身が神様なんだな」と思うときがあります。モノも、名誉も、権限も、お金も、なんでもある。生きている間にそれだけのものがあったら悠々と生きていけるんですよね。ですから、自分以外の神様なんて必要なくなる。ところが、人生の中には神様が必要になるときがあるんですよ。あるはずなんだけど、それに気づかないで生きていく方が多いんじゃないかしら。

死を前にして初めて素直になれる

渡邊 日本の社会で暮らしていると、教育などいろんな場面で、「自分を超えたところにある力」みたいなものを想定せずにでき上がっているものが多いと感じます。それを想定せずに、自分の能力で勝ち上がっていけ！ みたいな。だから自分の力で勝ち上がることができないやつは落ちこぼれだと思われるし、できるやつは人を蹴落としてでも上にいこうとする。自分たちの力でなんとかしていこうっていうのが、大きな問題として出てきているように思っているんです。

ぼくもそれまでは自分の力で成功者になれるって信じて必死やったんですよ。でも、刑務所の中で「本当に死んでしまう」って感じたときに、めちゃくちゃ怖かったんです。本当に気が狂いそうになるぐらい。死ぬっていうことを前にしたときに、自分はなんにもできへん、死んでいくしかない、ということに気づいた。

高木 今の現代社会においては、人間の見える世界がすべてであって、見える世界においてのランキングや基準で区切られていく。だから、いつでもどこでも差別されて、「偉い人」、「ダメな人」がつくられている。

いったいなにがそうさせるのか。「神々の祭典」というんでしょうか、人間が神だから、到底神にしかできないような戦いを、この世でやってしまってるんじゃないだろうかと思うんですよね。

でも、私はターミナルケアをしていて思うんですけどね、人間は死を前にしたら、みんな素直になるんですよ。怖いものは怖い、死にたくないときは死にたくないと、大声で叫ぶんですよね。そういうのを見ていると、本当に自分らしく、人間らしくなるのは、死を見つめたときじゃないかと思うんですよね。渡邊さんもそうだったでしょう。これが、人間が持っている本能だろうと思うんですよね。自分の欲だけに生きている方は、本当に謙虚さがないんですよね。

渡邊 ぼくも死ぬことに対しての恐怖とか、いろんなことがどうにもならないなかで、でも自分なりに神様を見つけたことで、本当の自分で生きるってことが始まったと思うんです。

今までは「弱いままではあかん」って、強くなれば生きていけるんやって言われてきたけど、強くない自分、死ぬことも怖い自分、他者が変わっていくことを受け入れられない自分を否定せずに、そういう自分で生きるしかないんやって思えたときに、それを全面的に肯定してくれるなにかを持って、等身大で生きることが始まったんかなって。

自助グループの中のスピリチュアルケア

渡邊　自助グループは本名を明かす必要もなく、どこの誰かわからへん同じ問題を持った人が手助けをし合う集まりです。海外の自助グループに行ったとき、空港まで車で拾いにきてくれたり、自分の家に泊めてくれたり、赤の他人にはせえへんようなことをやってくれた。だから、なんでここまでしてくれるのかぜんぜんわからなくて、最初は謎やったんですよ。

でも、手助けしてくれるっていう行為がまずあったときに、目に見えへん思いがそこにあるんやなあって感じて。それがスピリチュアリティという言葉に対する自分なりの理解です。社会の価値観で測れないなにかが、仲間たちの手助けの中にあると感じられるようになったときに、自分の中にもちっちゃいころからずっと飢えてた部分、傷ついてきた部分とか、癒されたかったものがあるんやって。

依存症も時間が経つことでよくなっていく部分は当然あると思うんですけど、目に見えへんけど感じられるものとか、信じられるもの抜きには回復はあり得ないと思ってます。

——話を聞いただけの人間には、なかなかわかりにくい感覚だなあ……と思います。

高木　これは話を聞いたからわかることではないと思うんですね。

私は三六年間、グリーフケア、ターミナルケアといったスピリチュアルケアに携わってまいりました。これは、教会やお寺や神社などの宗教的なところで立派な僧侶や宗教家から話を聞いたからといってできるわけではないんです。本当に悲しんでいる方、苦しんでる方々の心の近くに自分が存在する。それによって相手に無条件に受け止めていただけるかどうかだと思うんです。

やっぱり渡邊さんは、自分でもなにを求めているかわからないような混沌としたなかで、本当に孤独な戦いを続けていらっしゃったんだと思います。そして、名前も明かさないような人たちの中で、無条件に自分を受け入れてくれているという体験をした。それはもう言葉ではなくて、本当にサムシンググレートが与えてくれたスピリチュアルな贈り物だと実感されたのだと思います。

自助グループでお互いに自分の無力さを感じながら、あなたがいたから、この自助グループがあったから、私はここにこられた、そして話ができた、聞くことができた。本当にお互いを尊い存在だと感じたときに、スピリチュアルケアがなんであるかを感じたんだと思います。

やはり渡邊さんが幼いときから求めていたのは無条件の愛情でしょうね。無条件にぼくを受け入れてくれたんだ。その行為にご自分の心が温まったときに、無条件に自分自身が信じられるんだろうと思うんですよね。それが、今の現代社会において、欠けているんじゃないかなと思います。なにか見返りを求めてしまう。

人間の命とはなにか

高木 私ね、人間の命っていうものがなにかを実感したことがあるんです。三八歳の女性のターミナルケアをしていたときのことです。その方には小学校二年生の男の子と三歳の女の子がいました。その女性はその二人の子どもを残して、癌で亡くなりました。亡くなられてすぐのときに、男の子は、「ママは死んだんだよ」ってパパから言われてベッドの上に飛び乗り、わんわん泣きました。亡くなったことがわかったんですね。ところが、三歳の女の子はわからない。その子は走ってベッドの近くに行って、一生懸命よじ登って、ママの顔のところまで行って、小さいお手々で、「ママ、おめめを開けて」って遊んでるんですね。これまでそうやって遊んできたからです。ところが今は「おめめ開けて」といってもお話ができません。何回かやったあとに、その子は「ママ、帰ってきてちょうだい」と泣きました。「ママ死んじゃった」じゃない。ここに身体はあるけれども、自分のママではないと思ったのでしょう。身体はここにあっても、この身体を生かしている命はどこかに行ってしまった。この身体から離れたから、死体になったのです。じゃあ、今までこの身体を生かしていたママの命はいったいどこに行ってしまったのか。命はこの身体を生かしているだけで、命まで死んでいくのではありません。この身体を生かした命は、どこかに行ってしまうだけ。だから、その子は「帰ってきてちょうだい」といったんだと思います。私たちの身体から離れた命は、私たちをつくってくださった神様のもとに帰っていって、その命自身が幸せになるんですね。

そして、今は新型コロナウイルスが猛威をふるっていますよね。コロナは、私たちにとって一番恐ろしい「死」を問いかけていると思うんです。誰でも病気になったら死んでしまう、何百年も生きられる人はいない、という事実です。誰にでも死の瞬間は訪れる。そのときをどういうふうに迎えるのか。先ほど渡邊さんは、自分が死ぬと思ったときに、気が狂いそうに怖かった、苦しかったとおっしゃいました。私はターミナルケアをしていて、リビング・ウィル（意思表明書）を持ってこられて、読んでくださいと言われることがあるんですね。多くの方は、葬儀のこととか、あるいは、お墓のことを書くんです。そういうとき、とっても失礼だと思うんですが、私はこのように問いかけます。

「これ、誰のリビング・ウィルなの？」

「あなたは誰が死ぬと思っているの？」

「それを考えたとき、これだけで充分だと思う？」と。

葬儀やお墓のことは誰かに頼んだらいいんです。私が大事だと思うのは、どういう思いで死を迎えるのか？　死んだのちの世界をどう考えるか、です。

ですから、まずは自分の生活をよく見つめてください。それからご自分の人生をよく見つめてくださいね、とお伝えしたいのです。人生の中の一部として死があるからです。その死をどういうふうに迎えたいのか？　そのためには死後の世界のことをわかっていなかったら考えられませんよね。死にたくないとおっしゃる方々は、暗いところに吸い込まれていくようで怖いっておっしゃいます。そんなふうに考えたら、もうたまらなくつらいと思います。ですから、次の次元で、それこそ魂がサムシンググレートと出会うんだ、という希望なしには、死を受け止められないと思うんです。もう一つの目に見えない世界があるんだ、ということに気づくことが必要だと思うんですね。

そのためには、自分の人生そのものをもう一度考えてみること。そして、自分のためだけでなく、お友だちが困っていたなら手を貸すこと。自分がそうしてほしいなら、まずは自分から手を差し出すことです。

自分の体験を食い物にしない

高木　私は、「どうしてシスターになったの?」「どうして結婚もしないで、見えもしない神様に一生仕える生活を選んだんですか?」とよく聞かれます。私は自分が「しるし」だと思っているんですよ。こういう人もいるよ、という「しるし」。私が信じている神様は、一人ひとりのお父様で、私たちが幸せになるために私たちをつくってくださったの。

でも、この世では絶対に私たちは幸せになりきれないんですよ。どんなに富や名声を手に入れても欲望には際限がないし、人間がこの身体を持っている限り、完全な幸せに至ることはできない。でも、人間が必ず完成されるときがある。それも「しるし」なんだと私は思ってるんですよ。それを追いかけて生きているのが聖職者です。自分の家族もお金も、意思も持たないで、自分の属している修道会の上長が命じるように生きていく。

どうしてそこまで神様に捧げて生きることができるんですかと聞かれます。それは、もちろんつらい生活ですよ。終末論というように、この世に終わりが来たときに、神様の子どもとして、私たち一人ひとりが完全な幸福の世界に入るための約束をしてくださっているのが、サムシンググレートです。その約束が確かなものであることを示すための修道生活です。

渡邊　自分が刑務所にいたとき、誰かが面会にきてくれる日とか、楽しみなおかずが出る日とか、すごいウキウキして楽しみに待ってるんですけど、いざ面会にきてくれても、食事の時間になっても、それが終わったらまた寂しくなるじゃないですか。そのときに、自分にとっては楽しみがないほうがいいんじゃないかと思って。一見楽しいことも、心の中にざわつきが生まれるし、それは苦しみなんやって。静寂がほしいと思った。欲望を膨らまして、駆り立てられて、嬉しくなるけど、それを失うときに自分が苦しむ。だから、もう嬉しいことを嬉しいと思わないほうが自分にとっては楽やって思って。楽っていうか、その先にあるものが本当の救いのような気がしていて。

自分もいつか死ぬって思ったときに、本当にしたいのは欲望を満たすことなのか、魂を満たしていくことなのか、どっちなのかって考えた。それで、自分は、魂の静けさの中に向かっていくこと、で、本当に心が安らぐことを一番欲していたんやと思ったんですよ。

——喜びや楽しみは生きていく原動力ですし、私たちは必ずなにかを失う、だからこそ、よりいっそう喜びがある気がするんですけどね。

渡邊 面会に親が来てくれるとか、美味しいものが食べられるのは嬉しい。で、それ自体を否定はしないんですけど、ただ、会いにきてくれて帰ったあとの寂しさとか、食べ終わって失ったときの空しさとかをすごい強く感じてしまう。

たとえば、平坦な道をまっすぐ歩いているはずなのに、自分がなにかを期待したら、その道に上がり下がりが生まれてしまう。自分で勝手に上げたり下げたりして、それ自体が苦しみなんやって思ったんですよ。

高木 私たちは、誰も愛してなかったなら悲しむこともないんですよ。つらいこともないんですね。それを孤独っていう言葉で表すのか、あるいは、自分で好きなように生きているというのか、そこの違いでしょうね。

私は事件や事故の被害に遭った方の遺族をケアしたりしてきました。遺族の方々があんなに悲しむのは、愛していたからなんですよね。配偶者を愛し、子どもを愛していたから、愛する人が亡くなったときにすっごい悲しいんですね。私たちは、楽しみがなかったら寂しさもない。寂しいから人に会いたい、嬉しい体験をしたいと思うんじゃないかなと思うんですね。それが人間の本能であって、それを否定することではなく、それが現実なんだと受け止めることだと思うんですね。

ですから、その家族の方が面会に来てくれるとか、訪問してくれる、美味しいものを食べる、本当に嬉しい。それは本当に喜んでいいと思うんですよ。でも、それがなくなった時に、ストンと落ちるのは、自分のわがままだからなんですよ。自分の欲が満たされていないから落ち込んでしまう。私たちは常に自分の欲望だけを求めてはいけない。

「ありがたい」って、有ることが難しいってことですよね。たとえそれがなくなっても、大いなる方に「本当にありがとうございました」と喜んで感謝して、そしてまた次に私が感謝できるようなチャンスを与えてくださいねって、そこにとどまるっていうことが大事なんじゃないかと思うんですね。

あのちょっとね、渡邊さん、どうして私と対談したいと思ったの?

渡邊 あ、ぼくはだから、自助グループの中でスピリチュアルな体験を仲間と共有してきたと思っているんですけど、実際にスピリチュアルケアをされている高木さんのお考えを聞きたいなと思って。

高木 あのね、なんだか私はね、想像してたものとちょっと違ったなあっていう思いがするんですね。

渡邊さんはこれまでアルコールとか、薬物とか、いろんなことで苦しまれたと思うんですけどね、あなたがここまで苦しんだのは、多くの人のためなんじゃないですかって伝えたかったんです。その苦しみはあなた一人のためではないのよ。でもこの世界は、スピリチュアリティや愛、他の人のためにっていうことではないところで成り立ってしまっているんです。自分のためであり、家族のためであり、自分の所有物のために多くの人間は生きてしまっているんですね。

私が渡邊さんにお願いしたいのは、苦しい経験をした人間がこの世の中で、今こういう生き方しているということ、苦しみには意味があると気づいたことを、発信していただきたいんですよね。そうでないと、あなたが生きてきた人生の意味が失われていってしまいます。それはもったいないことです。

先ほど私は自分のことを「しるし」と申しましたね。すっごい傲慢な言葉ですよ。でも、本当にそう思っています。私を見た人間がね、馬鹿な生活してるな。アホな生活してるなって。多くの日本人はそう思ってるんですよ。でもそれが「しるし」なのよ。私たちは結婚しなくてもいい、財産を持たなくてもいい、自分が好きなことしかしなくてもいい。私は神様からつくられて、その神様が私に持っていらっしゃる夢を叶えて、そしてまた神様のところ、真の故郷に帰るんだっていうね、そういう人間もいるのよといいたいのです。それが私の「しるし」です。もちろん、それだけのものを手放したことのつらさはありますよ。それはつらいのは当たり前。でも、「上がり下がり」じゃないんですよ。嬉しいこともある、悲しいこともある、それは当たり前のこと。

渡邊 たしかに、入院とか刑務所とか、苦しかったことの代償以上のものを感じて生きるようにはなったと思います。だから、自分のためではなくても、社会的には成功していなくても、本当に大事にしたいものを大事にして生きることが今はできる。ただ毎日、欲望と葛藤したり、いろんな評価ばっかり気になって。そっちに流れそうな自分がいるけれども、でもそれに対して違和感を抱いたりとか、後ろめたさを感じられる感受性みたいなものは取り戻せたと思ってます。

高木 私はあなたがおっしゃった言葉にすごい矛盾を感じるんです。
　あなたはなんでこういう本を書いたの？　そして、なんでこういう対談をしようと思うの？　無名で、社会的には活動しなくても認められなくてもいいと言いながら、なんで？　どうして？　と思いますし、あなたは毎日Facebookを更新していらっしゃるでしょう。正直ね、またか、と思いますよ。

渡邊 大学で講演会をしたときに、学生さんが自分と共通項を見つけてくれたように、自分も他者にそれをしていきたいと思って。自分から自分を開いて、みんなの中に自分を出していきたいと思って、本を書こうと思いました。

高木 あのね、それを食い物にしないでほしいと思ってるんですね。これはあなただけではなくて、他の人にも思っていることなんですよ。いろんな災害を被った、被害に遭った、それを食い物にしているって、かなり批判的に見る方もいらっしゃるんです。でも、こうやって私から一言聞いているだけで、自分はやりすぎていないかな、という気持ちになると思うんですよ。

ですから、ご自分の体験を食い物にすることなく、みなさんどうぞ、自分の体験を生かしてくださいねっていう思いで語ってほしいし、発信していただきたいのね。それがあなたのおつとめだと思うし、これからのあなたの使命だと思っています。あなたの使命をいつも思っておいてくださいね。

渡邊　自分にとってやっぱり、そういう言葉はありがたいです。正直、仲間との関係を大事にしたいのか、自分のエゴっていうか、自分を売り出したいみたいな気持ちからなのか、そこでいつも葛藤しているので。だからそういうことをちゃんといってくださってよかったです。
　高木さんの言葉もそうだし、自分自身でもおかしいんとちゃうかみたいなことを感じていたりして……でもその声に耳を貸さなくなったときに、本当に自分はおしまいやと思うんで、そうならないように気をつけていきたいと思っています。ありがたい言葉でした。

高木　あなたは本当に素直ですよ。ご自分にとって、この素直さが大事なんだと自分にいい聞かせながら生きていってくださいませね。今日は本当にありがとうございました。心からお祈り続けておりますね。

■この対談は二〇二二年一月六日に収録されたものです。

あとがき

この本では、アルコール依存症や薬物依存症といった生きづらさを抱えた当事者の経験だけではなく、さまざまな領域の現場でたくさんの人たちを見てきたみなさんの、専門家としての視点や考えを話していただくことができました。

まずは、松本俊彦さん、村木厚子さん、伊藤絵美さんと、前著の出版記念としてトークイベントをさせていただいたこと、そして対談集を制作する過程で小国喜弘さんと高木慶子さんにも対談を引き受けていただいたこと、感謝申し上げます。（みなさんが私のことをどんなふうに思われているかはわからないですが）私はみなさんに深い親近感を持っていましたし、五名のみなさんが携わる領域と、私の生きづらさに共通する問題や課題を見出したい、より深めたいと思っていたので、対談の実現は本当に嬉しかったです。

私一人では解きほぐせない生きづらさやさまざまなことがらを、みなさんの言葉で解きほぐしてほしいと思ってましたので、対談はまさにその実践の場でした。

依存症や自傷行為を生きづらさの表れとして考えたとき、本人の個人的要因がすべてではなく、生まれ育った環境や人間関係にこそ視点を向ける必要があるということが、みなさんとの対談から見えてくると思います。

私自身も、まだ数人のアルコールや薬物依存症者しか知らなかったときは、モグラ叩きのようにその人たちを排除していくことで解決すると思っていました。ですが、日本中、世界中に生きる仲間と出会うなかで、この問題は社会に暮らすみんなで考えていく必要のある、社会全体の問題なんだと思うようになりました。


生きづらさを抱えた人たちがお酒や薬物に走ったり、問題を起こした際に「ダメ。ゼッタイ。」をスローガンに排除する日本。一方で、北米のいくつかの都市（州）では、法律を犯した人にケアやサポートが必要な場合は、ちゃんとそれを提供しています。日本では問題を起こした人を社会から排除したり、学校を退学させて見ないことにしているので、この社会のルールの影で生きづらさを感じている人たちはけっきょく可視化されません。

依存症は本人や家族の否認の病というけれども、まさに社会や学校が「ウチにはそんな人はいません」と言わんばかりですし、一番否認しているのは社会や学校なんだと思います。

扱いにくい人を排除して、できる人だけでうまく回す社会か、問題のある人も社会で受け入れ、共に成長していこうとする社会か、どちらが本当に「実力」のある社会なのかは一目瞭然だと思います。ぼくは、多様なものを引き受けることができる社会をつくっていきたいです。

二〇二三年九月上旬に、ワシントン州シアトルにある依存症を持った若者たちが通う高校や、依存症を持つ若者たちのための高校を見に行きました。学校を見学させてもらったあとは、高校で働くスタッフにもインタビューをさせてもらいました。その高校では、一五歳から一八歳までのアルコールや薬物に問題を持つ若者たちがプログラムを受けていました。高校生として学びを受けながら、同時に依存症の回復にも取り組んでいました。高校は学業とともにリカバリーのサポートも行っていたのです。

アメリカの自助グループのミーティングに参加するなかで一番驚いたのは、十代ですでにミーティングにつながり、素面の生き方を始める仲間たちがとても多くいたことでした。ただ、今回の見学やインタビューを通して、自助グループだけがとくべつ進化をしているわけではなく、社会全体、あらゆる機関や制度が同じように機能しているからこそ、実現している結果でもあるんだと実感しました。そういう意味でも、さまざまな領域の人たちに依存症者の声を運び続ける活動は、とても重要であると感じます。

前著『下手くそやけどなんとか生きてるねん。』が刊行されたのは二〇一九年のことでした。それから五年経った今、こうやって対談集が刊行できたことを、本当にありがとうございますと思っています。また職場の障害福祉サービスの事業所（リカバリハウスいちご）で常勤スタッフとして働き始めて、今年の一二月で六年目になりました。大学や研修会で自分自身の話をする機会も多くあり、そのたびに新鮮な気持ちにさせてもらっています。

ある大学の講義で自分の話をした際に、学生さんがこんなことを言ってくれました。

渡邊さんの話を聞いて初めて、依存症の人と自分とは本当は地続きのところに生きているんだと思いました。渡邊さんには、自分と共通するものがあるなと思いました。でも、同じ素質をもっていても、社会で上手くやっていけるかどうかは、置かれた環境によるんだと思いました。そうやって生きづらさを持ちながらも生きる人たちがいる。その人の中に、自分との共通項を見い出せていなかったときは、相手を自分とは異なる存在として切り捨ていることに気づいたし、そうやって排除する社会に生きていることに気づいた。でもそういう社会では、自分だっていつか切り捨てられるかもしれない。そう考えたとき、他人ごとが自分ごとになるのではないかと思いました。

学生さんの言葉には、出会いによって他人ごとから自分ごとへと視点が変容していく様子が表れていました。その人を知ることを通して、共感はできなくても、なぜそうなったのかは理解ができると、私は思います。そんなことを学生さんたちの言葉の中から私も感じることができました。

これからも学生さんたちのために、私が自分の話をするというより、共に住みよい社会を創っていくために、活動していきたいと思います。

この社会に生きるのはみなさんであり、私でもあるのだから、自分のためにも自分自身を分かち合っていきたいと思っています。私自身が偏見のある人間だから、まだ知らないたくさんの人たちと出会って、少しでもその人自身を知りたい。自分自身が生きる社会、生きる世界としてこれからも他者と出会い、交わり続けたいと思っています。

最後になりましたが、私という一人のアルコール、薬物依存症者の声に耳を傾けてくれて、本当にありがとうございました。

私たちが持っている弱さや寂しさを大切な大切な感情として、贈り物として大切に扱い合える社会は、きっと誰にとっても住みよい社会だと思います。だって弱さや寂しさのない人間なんて、この世界に一人としていないのですから。

本当の気持ち、本当の自分を大切にし合える社会のために、出会い続けることを大切に生きていきます。

二〇二三年一一月一五日

渡邊洋次郎

渡邊洋次郎（わたなべ・ようじろう）
1975年、大阪府生まれ。介護福祉士。十代から鑑別所入所、少年院入院を繰り返す。20歳からアルコール依存症等で精神科病院へ48回入院。30歳からの刑務所服役後、自助グループへつながり、回復の道を歩み始める。現在、依存症回復支援施設で職員として働きながら、啓蒙活動や海外の自助グループとの交流を行っている。著書に『下手くそやけどなんとか生きてるねん。』（現代書館）がある。

渡《わた》邊《なべ》洋《よう》次《じ》郎《ろう》対《たい》談《だん》集《しゅう》
弱《よわ》さでつながり社《しゃ》会《かい》を変《か》える

2023年 12月15日　第1版第1刷発行

編著者　渡邊洋次郎
発行者　菊地泰博
発行所　株式会社 現代書館
〒102-0072　東京都千代田区飯田橋3-2-5
電話 03-3221-1321　FAX 03-3262-5906
振替 00120-3-83725
http://www.gendaishokan.co.jp/

印刷所　平河工業社（本文）
東光印刷所（カバー・表紙・帯・扉）
製本所　鶴亀製本
装　丁　大森裕二
校正協力　渡邊潤子

ISBN978-4-7684-5946-1

活字で利用できない方のための
テキストデータ請求券
『渡邊洋次郎対談集
弱さでつながり社会を変える』

現代書館の本

高部知子 著

だいじょうぶ！ 依存症

依存症は、意志の弱さに原因はなく、薬物や行動学習によって起こる「精神疾患」である。依存症へと向かう脳の構造をはじめ、現れる症状、周囲の人がとるべき対処などを平易に解説。依存症者への理解を深め、回復の道筋を示す。イラスト付。

四六判変型　並製　240 ページ　1200 円＋税

浅野詠子 著

ルポ　刑期なき収容

医療観察法という社会防衛体制

池田小児童殺傷事件を機に、様々な問題点が指摘されながら成立した心神喪失者等医療観察法。「再犯の虞がなくなるまで」という刑期なき収容を生み出したその基盤は、精神障害者に対する差別であることを丁寧な取材で明らかにしていく。

四六判　上製　216 ページ 1800 円＋税

竹内 實 著

心なき精神医療を父が裁く

息子が精神病院で自殺。医師である父はカルテを請求し、調べ始める。合わない抗精神病薬を大量処方し、副作用で暴れ強制入院、保護室へ閉じ込めた。これは本当に医療なのか？日本の現状を告発する慟哭のルポルタージュ。解説・大熊一夫

四六判 並製　208 ページ 2000 円＋税

渡邊洋次郎 著

下手くそやけどなんとか生きてるねん。

薬物・アルコール依存症からのリカバリー

20 歳から 10 年間で 48 回、精神科病院への入退院を繰り返した。30 歳で刑務所へ3年服役。原因は薬物とアルコール依存。生きづらさから非行・犯罪を繰り返してきた著者が自助グループと出会い、新しい生き方を見つけるまでの手記。

四六判　並製　232 ページ 1800 円＋税